人生风情录

董汉云
Dong Hanyun

風詠社

装幀　2DAY

目　录

序

如今要读到一本具有独立精神，具有原创精神的作品，几乎是不可能的。但自从董汉云的《人生风情录》诞生后，它为我们弥补了这一缺憾。

《人生风情录》是中国近代作家董汉云的杰作，也是作者目前仅有的唯一发表的作品。此书从构思到完成，耗时作者二十余年时间，是作者精心打造的一部精品。

全书用格言创就而成，是一部格言体式的，百科全书式的思想著作，与哲学著作，同时也是一部心理著作，与美学著作。

《人生风情录》涵盖了人世万象的方方面面，从范围和内容上说，它几乎涉及到了各个领域：包括人生、生活、爱情、婚姻、家庭、教育、文化、传统、社会、科学、艺术、时尚、国际标准舞等等等等……

全书格调高雅，立意明朗，深入浅出，文字优美，极富画意与诗意，蕴含着深刻的哲理，同时又不乏幽默与风趣。在同类作品中，此书无疑是同类作品中的佼佼者，无疑是同类作品中最为杰出的作品之一。很少再有哪一本书，能让我们看到比《人生风情录》这本书有更多的思想，更多的哲理，闪烁出更多的光芒。

袁寒冬

2015 年 5 月 30 日

于法国巴黎

卷一

1

为人们所信的真理很多，为人们所行的真理很少。

2

当假、恶、丑大行其道时，噪音都变大了。

3

命运在于选择，然而人要明白这一道理，则要等他别无选择时。

4

懂得塑造自己的人，是不会浪费时间去模仿别人的。

5

通常来说，人在没有正事的时候，就爱管一些闲事。

6

人生使命。——每个人都有属于自己的特殊才能，对于人生所谓的人生使命来说，就是发挥出自己的特殊才能。

7

只有天才工作是在进行创造，凡人工作不过是在重复与模仿，如果凡人的工作还存在有什么可值得学习的地方的话，那就是：他们在重复与模仿这一方面，表现得像一位天才。

8

天才因为聪明所以懂得多，对于绝大多数普通人来说，他们因为懂得多，所以聪明。

9

不强求，乃人生达到最高峰后的追求。

10

至善与至美，是人生最为至高的两个追求。

11

人生最大的成就，莫过于思想成就，艺术成就，科学成就，与政治成就。

12

一个人只有走一条无人走过的路，才有可能走出一条非寻常之路。

13

一帆风顺的生活，只会出现在婴儿的摇篮里。

14

人生总有一些事值得你做，总有一些人值得你等，总有一些路值得你走。

15

那些自毁自己前途的人，常常是那些自认为自己没有前途的人。

16

前途光明的人，往往是最能吃苦的人，最能忍耐的人，最能坚持的人，最能专心致志的人。

17

升起你心中的帆，让它带领你走出你心中的沙漠。不管你心中有多大面积的沙漠，你要走出你心中的沙漠，你只有升起你心中的帆。升起你心中的帆，让它带领你走出你心中的沙漠。不管你心中有多大面积的沙漠，你只要升起了你心中的帆，你就能走出你心中的沙漠。

18

很多人失败他们都是被自己给打败的。

19

一个人如果不是他自己把自己给打败，没有人能打败他。

20

没有事业，则难逃世俗。

21

把握不住现在，就把握不了未来。要想把握未来，就得把握住现在。

22

要做一个强者首先要学会的是坚强。

23

伟人并不是没有弱点与平凡之处，只是他们没有被这些弱点与平凡之处所左右，所影响，所埋没而已。

24

能埋没自己才能的，只有自己的懒惰。

25

如果别人看不起我们，是因为我们是一个混日子的人，那我们应该检讨的不是：我们是不是一个混日子的人？而是我们是不是没有混好？

26

干事业就应该采取古人取火的办法。

27

一个人的能力，在很大程度上都取决于他的忍受力与耐力。

28

一个好的选择可以改变命运。

29

命运最悲惨的人，往往是那些对文明做出贡献最大，最有才华的人。

30

人的一生是短暂的，一个人应该把他短暂的一生，有效利用起来，投入到伟大的事业中去，无论成败，他都应该坚持到他生命的最后一刻，无论得失，决不放弃！

31

道德。——道德就是社会秩序。就是规则，与潜规则。就是人类世界的基本法则。就是法律的源头，依据，与底线。就是人与人相处的基本条件。就是诸多行为的重要前提。就是做人的规矩。就是人的良知。就是衡量人类文明的主要标志。

32

成功不在时间的先后，而在时间的长短。

33

有很多成功都是极其局限的，甚至局限到使成功者体验不到幸福与快乐。

34

有些人有魅力，是因为他们站在舞台上，让我们也回到自己的舞台吧！

35

如果把一些作者书中引用的部分去掉，那么！他的书就不配称之为书，更别谈什么思想了。

36

思想是人类一切所有活动的灵魂与支柱。

37

如果把一个作家引用，模仿，复制，挪列，剽窃的部分去掉，那么，剩下的那部分，他自己的东西，也许就像一幅画把画的部分去掉之后只剩画框了。也许就像一条裙子把主料去掉之后只剩花边了。也许就像一桌饭菜把碗筷撤掉之后只剩渣渍与垃圾了。

38

弱者虚构的敌人多，强者幻觉上的朋友多。

39

世界上最好的几种混合物：（1）好茶和好水混合在一起。（2）好音乐和好舞蹈混合在一起。（3）好女人和好香水混合在一起。

40

一万个胜利者，难得产生一个成功者。一万个成功者，难得产生一个名人。一万个名人，难得产生一个伟人。

41

成功的标志是：在掌声中生活。失败的标志是：在掌声中死去。

42

随着一位凡人的逝去，我们发现：他身上唯一留下的有生命的东西，只有他的后代。

43

叛逆与奴性，这是人的两面性。当一个人叛逆多，他的奴性就少。当一个人的奴性多，他的叛逆就少。

44

美，人人都渴望获得，而最难得获得的是美德。丑，人人都渴望逃脱，而最难逃脱的是罪恶。

45

可耻总是与可悲结伴而行的，如果离开了可悲，人们就无所谓可耻了。

46

人的普遍思考是为利益而思考。

47

追求平等对于一个社会来说是一种进步，对于一个人来说却是一种退步。

48

一些人注定平凡是因为他们选择了正道，大部分人他们选择正道是因为他们除正道无路可走。

49

推动一个人向前发展的力量有两种：一是对物质的追求，一是对精神的追求，其中一种力量的增长势必导致另一种力量的减弱。

50

被别人认识，只需你伸出一只手，同别人握个手。被别人记住，则需你伸出一只手，在别人危难的时候，帮别人一把。

51

没有比助人更好的自助了。

52

没有目标，爱好，与兴趣，人生将多么地空虚。

53

理想，就大部分而言都是不理智的。

54

平凡普通是极大的福气，卓越超群是极大的负荷。

55

无论大事，小事，有事，无事，人都应该保持优雅。

56

人要想获得幸福就必须相信现在，并忘记过去与未来。

57

母亲的爱童年就可以体会到，父亲的爱有时要到晚年才能体会到。

58

人一生所能得到的爱，实在是可少，可少。而在这少得可怜的不多的爱中，其中大部分的爱都是自己的父母给的。

59

没有全能的政治，只有全副武装的政治。

60

小人没有成功的背后，他只有背后的成功。

61

什么是美？——对人而言，美就是年轻，加健康，加活力，加优美的仪容，加优雅的举止，加潇洒的风度，加高贵的气质，加纯洁的心，加善良的行为，加乐观的精神，加豁达的态度。

62

当我们低估了自己生活的价值时——我们就大受欢迎——许多恶习——就是这样——被发展起来的。

63

得到了爱，意味着得到了很多东西。失去了爱，意味着失去了很多东西。

64

一个人一定会为了幸福而有所追求，也一定会因为自己的追求而有所幸福。

65

简洁的美，通常是一种摆脱了世俗的美。

66

人们对万事万物的理解，都是站在利益的角度去理解的。而人们对于利益方面的理解，都是站在自私的角度去理解的。

67

当一个人怀疑自己魅力的时候，他已经没有魅力了。

68

我们常常会为了变得谦虚，而变得不诚实。

69

人必须学会说话，说话要么有趣，要么有理。因此人不应该沉默，除非沉默是为了更有趣，或者是为了更有理。

70

无为就是最好的作为。——这句话不仅适合管理国家，也适合培养孩子。

71

爱国的公民多，爱公民的国家少。

72

当一个人觉得自己钱少时，他就会对自己的工作不满意。当一个人觉得自己钱多时，他就会对自己的生活不满意。

73

好运总是来得慢，厄运总是慢慢来。

74

结了婚，又离了婚的人，是最幸福的人。——因为他享受到了两种幸福。

75

人在对待人时像动物一样可怕，人在对待动物时像人一样可怕。

76

只有手握强大的武器，才有资格说和平。

77

一些人喜欢黑夜，是因为白天更黑暗。

78

人生，一旦开始它就成了决斗，一旦结束它就成了游戏。

79

为了解彼此的爱情是否经得起考验？——两个人只有结婚。

80

礼节经常使两个陌生人看似像两个熟人，两个熟人看似像两个陌生人。

81

人们从不冤枉他喜欢的人，从不喜欢他冤枉的人。

82

人无法选择自己的母亲，但可以选择自己的妻子。——选择妻子应选择这样的女人：如果你能选择母亲，你会选择她做母亲。

83

妻子这个词，涵盖了男人对女人的所有美好祈盼！

84

一切对女性的赞美之词都可以用来赞美母亲。

85

一部作品一百年后没有人看它就谈不上精品，二百年后没有人看它就谈不上经典，三百年后没有人看它就谈不上杰作，一千年以后没有人看它就谈不上大师的杰作。

86

人需要一个家，那怕只是一个孤零零的点着一根蜡烛的家。

87

每个公民都有义务对他的社会尽自己的责任，也都有责任对他的社会尽自己的义务。

88

给予令人感到光荣，索取则令人感到羞耻。

89

一个既不爱人，又不被人爱的人，是最孤独的人。

90

无私，会使一个地位卑微的人显得崇高。自私，会使一个地位崇高的人显得卑微。

91

人的最大力量是反抗的力量。

92

用沉默进行抵抗只是不需要声音，并不是不需要行动与力量。

93

当你开始慢慢地看淡了一切的时候，此时在你心里，一切都早已贬值了。

94

最高贵的生活，就是独立生活。

95

在这世界生存，最难的是与人共存。

96

人不应追求伟大，但应追求高尚。

97

有些时候我们之所以说谎，是因为真诚还不如说谎。而有些时候我们没有说谎，是因为我们不能圆谎。另外有些时候我们之所以真诚，是因为说谎还不如真诚。而有些时候我们不真诚，是因为我们无法做到一直真诚。

98

一个人不想疯就只能像疯子一样活着。

99

完全没有欺骗的爱情，即使不是枯萎的爱情，也是枯燥的爱情。

100

在人生的道路中，选好一个人生目标是至关重要的。但你必须还得为此付出心血，做出百倍的努力，甚至牺牲一些宝贵的东西。当你已经坚定信念，并百折不饶的为之奋斗的时候，你还得要能忍受冷遇、讥讽、与嘲笑。在事情发展到决定胜负的关键时刻，即使赛场的人都跑到了你前面，有时为了跨越与飞跃，你还不得不必须冷静下来，控制住自己！——这就是一个成功者最后所需要思考的地方，也是一个成功者真正需要注意的地方。

101

不知道自己将走向何方，抵达何方，停留何方的人是绝望的。同样，绝望的人也就不可能知道自己将走向何方，抵达何方，停留何方。

102

有了希望，矮子就变成了巨人。没有了希望，巨人就变成了矮子。

卷二

103

关于女人

一

一个男人，如果他不想被一个女人打败？那么，他唯一的办法是：不和女人结婚。

二

女人不能给承诺以行为，在女人那里：承诺是艺术，行为是裸露。——所以女人视裸露为最高艺术。

三

女人认为女人不应该关心政治，但女人关心打仗，打仗在女人那里都是胜仗，败仗在女人那里意味着关心政治。

四

女人不喜欢邪恶的男子，但女人会选择一个聪明的男子做丈夫。可聪明的男子一结婚要么变笨，要么变邪恶。

五

女性美有一种男性美永远达不到的气息或者叫效果……它能使人不管是男人还是女人瞬间屏住呼吸，或者瞬间加促呼吸，更经常的是：它能使人一下热血沸腾，也能使人一下安静下来。

六

女人善于表情，所以女人更善于表白。表白自己等于逃避大众，所以女人更喜欢人多热闹的地方——学习微笑。微笑在女人那里是艺术，而女人最动人的艺术在她内心长眠。她需要全面的展示，但她经常缺乏一面镜子——大众的目光。……当她独处时，她感到一种由衷的莫名的软弱。女人的独处最需要幻想，幻想在女人心中永远最具强大，最具有足够的力量与勇气——来暴露她独自一人时的秘密武器，武器在女人心里是调情，暴露在女人眼里是机会。——所以女人认为调情总是没机会。

七

女人不相信真理，同时又不怀疑。相信真理女人认为是弱夫，怀疑真理女人认为是弱智。

八

女人喜欢对着镜子笑，也喜欢对着镜子流泪。

九

做官的女人可能顶两个男人，但她们常常只做好了半个女人。

十

精神处于低级阶段的女性始终把婚姻当作人生的归宿，精神处于中级阶段的女性把它当做跳板，精神处于高级阶段的女性把它当作可有可无的摆设。

十一

女人虚度生活，虚度生活是女人理想的生活，并且是理智的生活，虚度生活亦是女人的虚荣。

十二

撒点香水是好的，尤其是女人，尤其是当她穿晚礼服的时候，黑夜给人引路的时候，跳舞的时候，与一个男人拥抱的时候，或与一个男人擦肩而过的时候……

十三

女人在爱情中寻找被人寻找的恋情。

十四

许多中年妻子都在因为丈夫的变心而感到婚姻生活的乏味，但绝大多数的中年妻子他们感到婚姻生活乏味是因为自己的丈夫没有变心。

十五

女人是驾驭爱情的高手，但却是追求爱情的低能儿。

十六

女人祈待被理解，但男人对女人的理解常常有误。比方说：女人跟你调情，你以为女人跟你聊天。女人刚跟你分手，你以为女人刚跟你借钱。女人想跟你恋爱，你以为女人想跟你唱反调。

十七

要想从一个女人那里获得快乐，那你就不能和她恋爱，更不能和她结婚。

十八

绝大多数女人在追求精神世界方面要求自己所要达到的高度，还没有他们的鞋跟高。

十九

女人拥有着一颗孩子般的天真的头脑，却拥有着一颗老人般的世故的心。

二十

女人缺乏直接的兴趣，因女人缺乏间接的思维，女人通过直接的思维只能获得间接的兴趣。

二一

女人看待婚姻如看待投资——因此丈夫看待妻子如看待风险。所以妻子看待丈夫如看待利润——因此男人看待婚姻如看待贬值的货币。

二二

女人认为鄙视灵魂的女人是幸福的女人，为数极少的女人恰恰相反，在她们眼中，幸福的女人好比遭人鄙视的灵魂。

二三

女人认为，女人的信心谁都不可动摇。女人继而又认为，男人的决心同样谁也不可动摇。——但女人认为女人还是有信心去动摇男人的决心。

二四

好的电影，既适合瞎子看，又适合聋子看。——那种适合男人娶做妻子的好的女人，同样也是如此。

二五

（一）

女人认为女人最糟糕的衰老在脸蛋，所以女人将笑容堆积满面，所以年轻的女人笑起来总是很糟糕，所以糟糕的女人笑起来总是显苍老。

（二）

女人认为女人最伤心的事在于老公变心，所以女人尽量打扮自己显得有魅力。所以处女打扮起来总是丧失魅力，所以有魅力的妓女总是令人伤心。

二六

气场。——老人要想证明自己的气场，只能去菜市场。

一位妻子要想证明自己的气场，只能等她老公回到了她的床上。

官员要想证明自己的气场，那他只能和他的下级呆在一起。

二七

女人喜欢戴着漂亮的面具生活，也喜欢戴着漂亮的面具抵抗生活。

二八

对女人来说务正业是比不务正业更为不幸的事实。

二九

对于漂亮的女子出现办法有三：其一是欣赏，其二是谈恋爱，其三是共婚姻。但解决的办法却让你得出相反的结论：与其共婚姻还不如谈恋爱，与其谈恋爱还不如欣赏。

三十

只有迷人的真理才叫真理，对女人来说，只有迷人的女人才叫女人。

三一

女人憎恨那些企图勾引自己老公的女人，尤其是那些未取得成功但各方面条件均胜过自己的女人，以及那些取得成功但各方面条件均不如自己的女人。

三二

比起男人的吝啬来，女人的吝啬看上去更吝啬。比起男人的慷慨来，女人的慷慨看上去更慷慨。

三三

当我们称一个女人为母亲的时候，女人是最安全的。当我们称一个女人为妻子的时候，女人是最危险的。

三四

你对你妻子好，她就跟你撒娇。你对她不好，她就跟你撒谎。

三五

女人结婚时间太久了，会让她变得像一座废墟。但如果她有孩子的话，那么，她也许就变得像是搭建在这座废墟上的一座建筑。

三六

女人最大的冒险是结婚，女人最大的危险是生育，女人最大的风险是丈夫，女人最大的保险是年轻。

三七

当女人照镜子时，往往是女人感到自信时，或感到不自信时。

三八

女人一生中最重要的三件事是：恋爱、结婚、生孩子。

三九

女人的舌头是飞快的刀，女人的嘴是磨刀石。所以要小心女人的话——女人的话是乱刀。

四十

谁想树一个永久的敌人谁就娶一个永久的老婆。

四一

女人的美丽是善良的，女人的邪恶是美丽的。

四二

女人最简单的生存方式是结婚。

四三

一个与同性朋友交往明显多于与异性朋友交往的女人，证明她不是刚结婚就是刚离婚。

四四

在爱情、婚姻、与家庭中，男人常常是女人的手下败将。

四五

女人通过使自己的头发先变得美丽动人起来的方法，是使自己变得美丽动人起来的有效方法之一，且也是最聪明又最简单，最少耗时又最长久有效的方法之一。

四六

一般来说，女人对婚姻的态度就是女人对生活的态度，女人对婚姻的要求就是女人对生活的要求，女人对婚姻的期待就是女人对生活的期待。

四七

女人不可能永远都处在不老的状态，但女人永远都处在比自己年轻的状态。

四八

一个有魅力的女人需要有丈夫，要不，她就得有一个展现魅力的舞台。有的女人没有展示魅力的舞台，也没有丈夫。有的女人因为有了丈夫，才有了展示魅力的舞台。有的女人因为有了展示魅力的舞台，才有了丈夫。有的女人因为有了丈夫，失去了展示魅力的舞台。有的女人因为有了展示魅力的舞台，失去了丈夫。

有的女人有丈夫，也有展示魅力的舞台。

四九

一个女人会因为美貌而引起男人们的好感，但也会因为没有美貌而引起女人们的好感。

五十

一般情况下，个子低的女人更显年轻，个子高的女人更显漂亮，胖的女人更显性感，瘦的女人更显风骚。

五一

漂亮会使一个愚蠢的女人看上去不那么愚蠢，一个不自信的女人看上去不那么不自信。

五二

容貌虽不是女人的全部，但对爱美的女人来说，容貌就是一切。

五三

在女人眼里，男人在爱情中不过是学生。不同的是：他们在结婚前像上学的学生，他们在结婚后像放学的学生。

五四

时尚和女人一样易变。

五五

女人如何征服男人？——通过美貌，女人可以将男人成功麻醉。如果她是聪明的女人，她就可以对其全面检查。如果她还温柔，她就可以对其有效控制。如果她还有才智，她就可以成功手术。如果她还贤惠，她就可以将他彻底拯救。如果她还有逗小孩的本领，并且懂得用此本领假植在她男人身上，那么，她就可以让她的男人从此焕发活力。

五六

能征服英雄的，一定都是柔弱女子，不一定都是漂亮女子。

五七

佳人多半是不韵世事的才子，才子多半是不解风情的佳人。

五八

人类大部分斗争都围绕着权利，财富，和女人。

五九

女人用一只手托着下巴看男人吃饭的样子是非常可爱的，因为女人这种看男人吃饭的样子非常可爱，从而又显得男人吃饭的样子也非常可爱。通过男人吃饭的样子非常可爱，这种情形又反过来使得女人这种看男人吃饭的样子显得非常可爱。因为这种情形相互衬托着，从而使得双方的样子都显得非常可爱，越发可爱。

六十

美女必须符合以下条件：——一、必须健康。二、身体必须匀称，协调，对称。三、身高应在一米六五以上。四、符合芭蕾舞及国际标准舞中要求的"三长一小"，即：腿长、胳膊长、脖子长、头小的标准。五、乳房应小而挺。六、臀部应宽而翘。七、腰应该细。八、手指应该细。九、腿应该长而直。十、鼻子应挺、小、翘。十一、耳朵应大、长、挺拔。十二、眉毛应细，长。

十三、眼睛应大，亮。十四、嘴唇应肥，翘。十五、头发应细，密。十六、皮肤必须白、光滑、干爽。十七、牙齿必须白，整齐。十八、形体优雅。十九、举止端庄。二十、乐观、自信，成熟，聪明，文明。

六一

女人一旦不穿高跟鞋，身高至少降低二十分之一，魅力至少降低二分之一。

六二

对女人来说，拥有一双长长的腿，就好比拥有了一双永不过时的高跟鞋。

六三

女人在"安全期"最容易出轨。

六四

女人不是比男人优秀的动物，但是比男人优雅的动物。

六五

卸了妆的妻子，和脱光了衣服的妻子，与床上的妻子，都令人害怕。

六六

虚荣心对女人来说就像放大镜一样，如果一个女人虚荣心没了，那么，她的世界也就缩小了。

六七

妓女比贞女，更像女人。

六八

女人的丈夫，和女人的钱，都碰不得！女人的丈夫，别人碰不得。女人的钱，丈夫碰不得。

六九

一般来说，出名的妾比出名的妻多，出名的情人比出名的妻子多，出名的女秘书比出名的女老板多，出名的妓女比出名的贞女多，出名的荡妇比出名的贤妻多，出名的坏女人比出名的好女人多。

七十

上书女人：——头发不好的女人应该戴顶帽子，身材不好的女人应该穿条裙子，味道不好的女人应该撒点香水，脾气不好的女人应该抹点口红，个子不高的女人应该穿双高跟鞋。

奉诫女人：——长相不好就不要去参加舞会，皮肤不好就不要戴首饰，状态不好就不要出门。

劝慰女人：——不要为了美丽而伤害了身体，不要为了工作而伤害了美丽。

不要为了爱情，而迷失了青春。为了金钱，而迷失了爱情。

不要为了丈夫，而毁了工作；为了孩子，而毁了丈夫。

告示女人：——有些女人有漂亮的外表却没有漂亮的衣裳，有些女人有幸福的爱情却没有幸福的婚姻，有些女人有慈爱的父母却没有孝敬的子女。

祝福女人：——长相不好也许可以不被同类所嫉妒。

老公不好也许可以不用吃醋。

贫穷也许可以展示才智。

短寿也许可以保持终身美丽。

七一

女人迟到是一种姿态，一出戏，一场秀，一道风景。

七二

一个人不可能光凭外表就能够获得成功与幸福，哪怕她是一个女人。

七三

欣赏一个女人，和欣赏一幅油画，都不能站得太近。

七四

好菜下饭，好酒下菜，好女人下酒。

七五

女人在你爱她，和她恨你的时候，是最可怕的。

七六

皮草。——并不是每一个人都适合穿皮草，驾驭得了皮草。一个气质普通平凡的男人穿上皮草，很有可能会让自己看上去像一个猎人。而一位气质普通平凡的女人穿上皮草，很有可能会让自己看上去像一个稻草人，或者像一个动物，比如：流浪猫、流浪狗、火鸡之类……并不是每一个人都适合穿皮草，驾驭得了皮草。

七七

最不幸的命运，莫过于才子与佳人的命运。因为才子与佳人较普通人对于自己有较为较高的要求。

七八

让一个女人脱下所有的衣服易，让一个女人卸下所有的妆难。

七九

女人只有对一个男人同时萌生了性爱与母爱，才能证明她真正爱他。

八十

女人！老虎！与猫！——女人与自己不爱的男人在一起时，显得像只老虎。女人与自己爱的男人在一起时，显得像只猫。

八一

成就女人的四大行业。——服装、电影、歌曲、舞蹈这四大行业，是成就女人事业，使女人迈向成功的四大行业。服装、电影、歌曲、舞蹈这四大行业，不知培育了多少梦想，产生了多少明星，成就了多少女人啊！

八二

女人并非没有好口才，只是未到砍价时。女人口才最好的时候，是她们买东西砍价的时候。当女人口才超好时，她们一定在砍价。

八三

你若不把自己的老婆变成天使，她就会变成魔鬼的。

八四

女人的性感是非理性的。

八五

女人嫉妒那些没有自己漂亮却比自己生活得好的女人，以及那些没有自己生活得好却比自己漂亮的女人。

八六

通过情人，女人发现了自己的欲望，葬送了自己的丈夫。
通过欲望，女人发现了自己的丈夫，葬送了自己的才能。
通过丈夫，女人发现了自己的才能，葬送了自己的青春。

八七

过渡。——女人总是从可爱过渡到漂亮，从漂亮过渡到性感，从性感过渡到迷人，从迷人过渡到出嫁。

八八

有魅力的女性常常让我们联想到明星，有魅力的明星常常让我们联想到妓女，有魅力的妓女常常让我们联想到大把大把的钱，钱常常让我们联想到自己的工作，工作常常让我们联想到自己毫无魅力，魅力常常让我们联想到自己的母亲，母亲常常让我们联想到毫无魅力的女性。

八九

女人是腿越长越好看，长颈鹿是脖子越长越好看，大象是鼻子越长越好看，鳄鱼是嘴越长越好看，鹰是翅膀越长越好看，松鼠是尾巴越长越好看，兔子是耳朵越长越好看，金丝猴是胳膊越长越好看。

九十

美酒与美人都令人醉，尤其是它们同时存在的时候。

九一

胖和瘦对女人来说都是两难的事：太胖了，身材不好看。太瘦了，脸又显老。

九二

家里没有女人就应该有一个花瓶，家里没有花瓶就应该有一个女人。

九三

女人和玫瑰，我都喜欢。无论是娇小的女人，和高大的玫瑰。还是高大的女人，和娇小的玫瑰。

九四

母亲是男人长大之前最需要的女人，情人是男人长大之后最需要的女人，妻子是男人老了以后最需要的女人。

九五

恋家的女人，通常是结了婚的女人。爱出门的女人，通常还未结婚的女人。

九六

女人最初的朋友是女伴，女人最想的朋友是情人，女人最亲的朋友是女儿，女人最终的朋友是丈夫，女人最糟的朋友是婆婆，女人最好的朋友是女婿，女人最爱的朋友是儿子，女人最恨的朋友是儿媳。

九七

老婆比小人还难相处，小人比老婆还难对付。

九八

情人节中的女人，和圣诞节中的小孩，情况完全一样：——他们都在等待礼物，期待惊喜，渴望青睐与垂青；并像一个乞丐似的，匍匐在各自的节日面前：——或长吁短叹，或眉开眼笑，更多的则表现为焦躁闷烦。

九九

金发，碧眼，身材高挑的白种女人，综合了世界上所有女人的优点，包括她们的美丽，性感，优雅，与高贵。

一〇〇

一个和喜欢自己的男人结了婚的女人是很难满足的，虽然她很容易幸福。一个和自己喜欢的男人结了婚的女人是很难幸福的，虽然她很容易满足。

一〇一

追求女人鲁莽比谨慎好，勇敢比鲁莽好，死皮赖脸比勇敢好。

一〇二

面对佳人，没有酒仿佛喝了酒，没有醉仿佛已醉。

一〇三

老年对女人来说，就像一瓶过期的香料一样，虽然它还是一瓶香料，但已经没有味道了。

一〇四

对女人而言，男人是诡异的动物。对男人而言，女人是抽象的动物。

一〇五

如果一个女人被一个男人爱上，不和他结婚是很危险的。如果一个男人和一个女人结了婚，不爱她则更为危险。

一〇六

一个优美的女人，就是一道优美的风景。一个靓丽的女人，就是一道靓丽的风景。一个迷人的女人，就是一道迷人的风景。一个异国女人，就是一道异国风景。

一〇七

论女人办事：——女人办事不是因为周到而迟到，就是因为及时而过时。

一〇八

命运喜欢捉弄美女和英雄。

一〇九

女人只有和绅士在一起才有可能保持优雅。

一一〇

喝酒应邀豪友，品茶应邀高人，漫聊应邀禅师，出游应邀佳人。

一一一

有些女人她们不美丽，并不是因为她们的长相和她们的身材存在问题，而是因为她们的打扮和她们的审美观存在问题。

一一二

佳人于人中，就犹如柳之于树中，兰之于花中，孔雀之于禽中，梅花鹿之于兽中，月之于空中，蝶之于虫中，莲之于水中，瀑布之于山中。

一一三

女人即使那么瘦，她还要减肥。那么漂亮，她还要化妆。那么高，她还要穿高跟鞋……极端的女人！

一一四

如果说女人有爱，那是针对她的子女而言。
如果说女人有情，那是针对她的父母而言。
如果说女人有爱情，那是针对她的初恋而言。
如果说女人有秘密，那是针对她的老公而言。
如果说女人有钱，那是针对她自己而言。

一一五

对女人来说，旧衣服是穿给老公看的，新衣服是穿给同事看的，内衣是穿给情人看的，礼服是穿给对手看的。

一一六

贤妇人使家中井然有序，美妇人使家中蓬壁生辉。

一一七

当一个女人开始不需要高跟鞋时，她应该开始需要拐杖。

一一八

接近完美的女人，才谈得上美人。

一一九

女人是喜欢动心，不喜欢动脑子的动物。

一二 0

这个世界最诱人的地方，还是这个世界有五花八门的女人。

一二一

看美人宜月下，灯下，与树下。宜花中，窗中，与镜中。宜桥上，楼上，与船上。宜偶然间，瞬间，与回首间。

一二二

外衣暴露——这是女人婚前的穿衣风格。内衣暴露——这是女人婚后的穿衣风格。

一二三

爱与被爱——当一个女人爱时，她就会在精神上疯狂。当一个女人被爱时，她就会在物质上疯狂。

一二四

大多数女人约会喜欢迟到仅仅是因为她们不喜欢准时到。

一二五

入眠的最好办法是：和自己的老婆睡在一起。

一二六

跳国标舞的人，他们在跳舞的时候，和不跳舞的时候，几乎有着天壤之别。很多女人，她们在化了妆的时候，和没有化妆的时候，情况也是如此。

一二七

各国都有各国最动人的风景——那就是它本国的女人。

一二八

城市里，除了女人，没有任何风景。

一二九

城市风景，主要还是来自于城市里的女人的风景。城市魅力，主要还是来自于城市里的女人的魅力。城市诱惑，主要还是来自于城市里的女人的诱惑。

一三〇

女人的脸越远看越显得大，越近看越显得小。有很多女人的魅力与诱惑也是如此。

一三一

个子高的女人老得快，个子低的女人心眼多。干瘦干瘦的女人脾气大，太胖的女人层次低。胸大的女人没脑子，胸小的女人一根筋。肤黑的女人粗野，肤白的女人娇气。腿短的女人没前途，腿长的女人没福气。貌美的女人贪婪，貌丑的女人吝啬。

一三二

和妻子做爱应该像吃不合胃口的饭菜那样——速度越快越好！

一三三

淑女们都喜欢把自己穿得显得很冷，妓女们都喜欢把自己穿得显得很热。

一三四

让世界变美丽的唯一办法是让女人变美丽！

一三五

女人和男人永远是两类人，尽管他们也许是朋友，也许是夫妻，也许是兄妹姐弟。

卷三

104

我喜欢结束，结束是最好的开始。

105

自尊心在很多时候都是由自卑滋生出来的。

106

一切不符合理智的行为最后都不合心意

107

也许只有毫无目的地生活才能达到生活的目的。

108

感情一旦出现裂痕，沟通就会出现障碍。

109

离婚不仅使一个家庭支离破碎，它也使几颗心支离破碎

110

嫉妒者。——一个把自己的自尊摆到了第一位，而把自己的人格排到了末位的人。他的痛苦表现在：他不能为了自己的人格而伤害了自己的自尊，他只能为了自己的自尊而降低自己的人格。

没有嫉妒，我们很难发现别人的优点。

文人，名人，圣人，多洁癖。

一个人的才能，只有他自己才完全知道。一个人的无能，他自己不完全知道，甚至完全不知道。

培养好习惯是非常高雅的行为，克服坏习惯是非常高尚的行为，保持好习惯是非常高明的行为。

愚蠢在个人那里，它是一种个别现象。而在集体那里，它是一种文化。

机运易变，希望永存。

要让两个互相深爱的人不再那么相爱是很容易的——让他们结婚就行了。

一个人的服装，直接构成了他文化的一部分。无论他是有文化，还是没有文化；都反映出他的思想，是文明的，还是不文明的；尽管他也许有思想，也许没有思想。

119

人是什么？——和所有的动物一样：一双冷漠的眼神，一张欲望的小嘴，两条为此而疲惫的腿，一颗寂寞的心，一双讨厌的手，一声空虚的笑声，一座荒唐的坟墓。

120

瞧！太深刻的东西，男人不喜欢。因此他喜欢女人，因为再深刻的女人也是肤浅的。太肤浅的心灵，男人不喜欢，因此他喜欢爱情，因为再肤浅的爱情也是有深度的。过于稳定的生活，男人不喜欢，因此他喜欢结婚过婚姻生活，因为再稳定的婚姻生活也是充满动荡的。

121

蜜蜂与苍蝇有时也会飞到同一个地方，但它们在那个地方寻求的却是不同的东西。

122

伟大的人：——对人无益的人，谈不上伟大的人。伟大的人，是对别人有益的人。最伟大的人，是对最多的人都有益的人。

123

一切婚姻都存在着某种掠夺，一切爱情都存在着某种欺骗，一切性都存在着某种假想。

124

努力与在乎。——与其说我们很不努力，不如说我们很不在乎。

125

一个人不能脱离生活而去爱，也不能脱离爱而生活。

126

在中国的作家中，有太多的妇人。在中国的妇人中，有太多的闲聊。在中国的闲聊中，有太多的是非。在中国的是非中，有太多的琐事。在中国的琐事中，有太多的传说。在中国的传说中，有太多的典故。在中国的典故中，有太多的笑话。在中国的笑话中，有太多的腐败。在中国的腐败中，有太多的贪官。在中国的贪官中，有太多的文盲。在中国的文盲中，有太多的作家。

127

失去童心，人生就失去了一半的快乐。失去童年，人生就失去了一半的童心。

128

征服——没有做到使人口服，心服，与佩服，就没有做到真正意义上的征服。

129

最大的享受是分享。

130

夫妻需要有孩子——要不然他们就没有共同的话题。

131

有多少人知道和明白，有些人是通过报恩的方式才得以报仇的。又有多少人知道和明白，有些人是通过报仇的方式才得以报恩的。

132

世界上唯一的真情就是真理。

133

抛弃真理的人，往往是逃跑的人。

134

爱情能使一个人奋起，也能使一个人趴下。但它常常是使一个趴下的人奋起，一个奋起的人趴下。

135

心灵不存在美与丑，它只存在被自己美化与丑化。

136

一个人可能会在物质上不如身边的某个人或某些人，但在精神上也不如他们，就很不应该了。

137

有很多人生活悠闲并不是因为条件好，而是因为境界高。

138

梦等到醒时就是一场空，人等到死时就是一场梦。

139

要想了解事物，就得了解它的属性，根源，与本质。

140

朋友是精神上的情人。

141

有朋友是一件好事，它至少可以证明：自己目前还不算倒霉。

142

当你的朋友没有充实你的人生时，它也许就撕裂了你的人生。

143

所谓异性朋友。——没有共同语言的朋友，通常就是指异性朋友。

144

好的面孔能使言语生色，好的言语也能使面孔生色。

145

听有些话，比听有些歌，更能陶冶人的情操。

146

为了不使谈话使人感到无聊，就得学会长话短说，短话分几个片段说，每个片段反问他说，与听他说。

147

性。——性是一种放荡，其之所以引起快感，正因为它放荡。

148

爱情之迷人之处——爱情！与其说它的结局迷人使人向往，不如说它的过程迷人使人向往。爱情！与其说它的过程迷人使人向往，不如过它的动机迷人使人向往。爱情！与其说它的动机迷人使人向往，不如说它的想象迷人使人向往。

149

人可以缺乏思想，但不可缺乏思考。可以缺乏文化，但不可缺乏变化。可以缺乏信仰，但不可缺乏信誉。

150

非常可爱的女人应该追求漂亮，非常漂亮的女人应该追求性感，非常性感的女人应该追求迷人，非常迷人的女人应该追求年轻，非常年轻的女人应该追求可爱。

151

任何美食都比不上初吻的味道。

152

爱情！是人这个高级动物为在追逐异性中显得有理于低级动物的振词。它的借口是婚姻——目的是同居。它的理由是守法——目的是私吞。它的证据是孩子——目的是养老。

153

已婚者和未婚者共同存在的一个悲剧在于：——彼此以为对方是喜剧。

154

困难。——困难对一部分人来说是兴奋剂，对一部分人来说是清醒剂，对大多数一部分人来说是每天生活的消毒剂。

155

最解恨的行为是复仇。

156

有些习惯之所以难于克服，是因为它给人带来了很大程度上的舒适。而有些恶习之所以难于克服，是因为它给人带来了舒适的习惯。

157

一切幸福都建立在健康上。

158

我就是我——我就是我的主宰，我的希望，我的爱，我的生命，我的一切。

159

生命中支持人走出困境的是别人的爱，除了爱以外，使人不曾堕落的，是对别人的爱。

160

有很多人存活于这个世界只是被人当作了工具——被自己与被他人当作了工具。如果没有人把他们当作工具，他们会把自己打造成工具。

161

人在达到目的前，需要学习。在达到目的后，若想继续获得提升与进步，还需学习。在未达到目的后，更需要学习。

162

对于位高权重的人来说，要尽量避免说废话——对于位高权重的人来说，话多就是在说废话。

163

从未经历苦难，是人生的一大悲哀。

164

乞丐不使人心软，就只能使人心狠。

165

人们对待事物的态度之所以不同，是因为他们站的角度不同。

166

要想穿高跟鞋不累，只能去跳舞。

167

要想做好一件事——任何事都很难。

168

最难以持续的事——是没有意义的事。

169

人只有出于自己的兴趣爱好做事，才可能把事情做好。

170

不断会产生烦恼，乃人生最大的烦恼。

171

一个人要想快乐过一生，只能糊涂过一生。

172

世界上唯有爱能征服人。

173

只有爱自己老婆的人，才能忍受自己的老婆

174

谁都得罪不起，谁也惹不起——好好把这句话记下吧！最好作为处理各种繁杂关系的人际法则——去时刻牢记！

175

宁愿让明天闲着，也不要让今天闲着。

176

被工作吞噬的生活

因为生活，人们不得不工作。因为工作，人们一大早起床，争分夺秒地——因为担心迟到。于是人们草草地，匆匆的，吃着早餐，然后去工作。直到中午，午餐时间到，工作依旧没有划上句号……于是人们午餐后，有的人也许还得又要像吃早餐那样：草草地，匆匆的，吃着午餐……然后接着去继续下午的工作。直到工作到下午下班的时间到，或晚餐时间到。有的工作到第二天快到，或已到，才勉强停了下来……更多的人则是因为为了不影响接下去的工作，或为了要继续明天的工作，才停了下来……带着那也许是踌躇满志的，也许是无可奈何的，也许是麻木不仁的，也许是患得患失的心情，回到了工作之外的所在。顾不上闲谈，问候，与祷告。恨不得赶紧吃过晚饭，早早躺到床上。不被打扰，好好睡一觉……因为明天依然要工作，依然要早起。……在经历了一天的这样的工作后，人们已再已无暇其他，除了工作，工作，与工作，人们现在只想睡觉，睡觉，与睡觉。因为生活，已让人们几乎倾尽了所有。……于是晚餐后，人们奔向了自己各自的卧室……刻不容缓地……就像一辆跋涉长途的汽车，中途匆匆驶进了加油站一样……很多人就是这样，就是这样，就是这样过了一天，一周，一个月，一年……甚至是一辈子。

177

偶尔冒几次险对人生来说是好的，从不冒险与经常冒险对人生来说一样危险。

178

一个人如果失去了自信，他也就失去了别人对他的信任。

179

小孩堕落，是一个家庭的不幸。女子堕落，是一个社会的不幸。才子堕落，是一个国家的不幸。

180

未来只是未来，未来也许什么也给你带不来。

181

爱是什么？——爱是一种思想，一种精神，一种寄托；一个梦，一个秘密，一个难言之隐。

182

我们对历史的认识都是基于我们对历史人物的印象而形成的，而这些历史人物大部分都卷入到历史事件中，历史事件是模糊的，因此，历史是模糊的。历史事件比历史人物更模糊。

183

基督教的力量，就是爱的力量。爱是基督教的精髓。对基督教的信仰，基本上就是对爱的信仰。爱是我们每个人都所需要的——无论是得到，还是给予。

184

如果不靠努力就能得到一切，那么，即使我们得到了一切，这一切对我们来说也是毫无价值的。

185

无论人的行为是何等千奇百怪，或千篇一律，或千差万别——人的一切行为不过来自于人的一点点本能，与一点点欲望；一点点好奇，与一点点幻想；一点点知识，与一点点经验；一点点爱，与一点点嫉妒；一点点善意，与一点点恶念；一点点遗传，与一点点习惯而已——无论人的行为是出于何种动机与何种目的。

186

有很多人他们没有取得成功并不是因为他们没有才气，而是因为他们没有志气。

187

不要小看病，病是死亡的征兆。

188

得病是使人痛苦的，无论是得了一种病，还是同时得了几种病，都是痛苦的。除非得的是神经病，或在得的那些病中，有一种是神经病。

189

随着我们离幸福越来越近，我们越来越喜欢用心灵去思考一些问题，而不再是用脑子去思考一些问题。

190

应用脑子判断，然后再用心选择。

191

完美的打扮是完善，而不是添加。

192

一生对生活得幸福的人来说太短暂了，一生对生活得不幸的人来说太漫长了。

193

每个人的生命都会终结，必然会终结，或许已经终结，或即将终结，迟早终结。而在此之前，无尽的烦恼，将我们推向痛苦，而永恒的欲望，将我们卷入其中……

194

最灿烂的人生一定是那些能散发出最多光和热的人生。

195

人生对我而言就是致力两个追求，一个是对于美的追求，一个是对于善的追求。——这就是我寄予此生全部的爱，也是我的至爱。对美的追求以及对善的追求，是我人生追求的两个终极目标。

196

如果我们生活得无趣——那我们就太没有品味了。

197

人是自命不凡的动物，即使是一个傻子也会在心里认为自己比别人优秀。人只能这么想！否则，人会疯掉的，天才就是这样疯掉的。

198

人生就是一场梦，一场只有死亡才能把它唤醒的梦！

199

人要想清退自己的欲望，只能得一场病。

200

儿童身上有的缺点大人身上都有，他们唯一的区别：就是大人没有儿童那么任性罢了。

201

理性是一种态度，一种比较客观的，觉悟较高的态度。

202

缺乏理性的人容易停留在事物的表层中，缺乏感性的人容易停留在事物的细枝末节中。

203

人应如此作想。——人应经常如此作想：人应经常作老想，作病想，作灾想，作债想，作死想。方可扫除人生中的诸多烦恼与不满。

204

并不是每个有脑袋的人，都有脑子。

205

要想让某件事物变得容易为人们所理解与所接受，最好的办法是把它变成艺术，或变成艺术品。

206

拥有了一个幸福的婚姻就等于拥有了人生大部分的幸福。

207

为了生存，人生来自私。为了爱情，人学会了与人分享。为了回报，人学会了给予。为了救赎，人学会了爱。

208

哲学是所有学科的起点与终点。

209

虚荣也并非全然是坏事，全然是负面的。它也有正面的作用，甚至有推动人变得积极上进的作用。除此之外，虚荣给人带来的最大的好处与积极意义就在于：虚荣会使人变得敏感。从而可以防止人过早的陷入到麻木状态……总之，如果没有虚荣，可能我们就没有那么积极上进了，也没有那么敏感了，从而也就不会像现在这样如此深切地感受到幸与不幸了。

210

没有人是完全轻浮或完全深沉的动物，所有人都是游走在二者之间的动物。

211

人应有所节制，而不应有所放纵。节制是理智的行为，放纵则是非常不理智的行为。节制有益于你的身体，你的健康，你的财富，你的精神，你的情趣，你的品味。而放纵则会毁败你的身体，你的健康，你的财富，你的精神，你的情趣，你的品味。

212

人才什么都不缺，唯独缺运气。

213

让自己变得没有缺点，并不能让自己变得完美。

214

有很多男人并不配做一个男人，有很多女人并不配做一个女人，还有一些人，他们连做一个人都不配。

215

一个人不能光凭自己的才能而不凭自己的德行，去展望自己的未来。

216

一旦我们的良心沉沦，我们的趣味也下降。

217

即使是最普通平凡的生活，我们也可以从中体会到人生的诗意。

218

世界上没有比不相信真，不相信善，不相信美，不相信爱，不相信神的人，活的更痛苦的人了。

219

艺术和女人。——好的艺术和好的女人都有一种神秘的气息，都有一种引力，都很诱惑。

220

孤独不是孤单的身影，而是孤单的内心。

221

选择错误意味着判断错误，理解错误，方式方法错误。

222

死亡是一件美好的事！

死亡是一件美好的事！它可以让你体会到神的存在！可以让你对天堂产生祈盼！可以让你找到人生的归宿！可以让你摆脱人世纷扰！可以让你忘了过去！可以让你心态和平，宁静，与安详！可以让你获得希望！可以让你领略到死亡的诗意！可以让你信赖你的梦！可以让你找到你的家园，找到你的乐土！可以让你信任，与让你期待！可以让你重生！可以让你去到神的世界！可以让你回到先你而逝的父母的身边！可以让你回到先你而逝的亲人的身边！可以让你回到先你而逝的爱人的身边！可以让你回到先你而逝的知己的身边！可以让你回到先你而逝的儿时的伙伴的身边！可以让你回到先你而逝的梦中情人的身边！死亡是一件美好的事!

223

有时候我们喜欢讲点脏话，尤其在我们小时候，骂人的时候，倒霉的时候，后悔的时候，烦的时候，与朋友聊天的时候，做爱的时候。

224

有些女人只是跟男人比起来显得像个女人，而跟女人比起来则显得像个男人。有些男人只是跟女人比起来显得像个男人，而跟男人比起来则显得像个女人。

225

真理就是让你变得满足，快乐，幸福，与强大的道理。谬论则完全与这些背道而驰。

226

我们要打败一个人，并不需要一定要打死他。我们要打死一个人，也并不需要一定要打败他。

227

一部好的电影离不开一个好的剧本，一个好的导演，一个好的演员，一个好的摄影，一个好的配乐；以及一个好的情趣，一个好的格调，一个好的品味。

228

年龄大点，你就会知道，你需要的，并不是很多运气，只是一点点勇气。

229

新的一天，新的开始，新的面貌，新的希望！

230

我每天都在等待新的一天来临，就像是在等待一位新娘的来临。每当新的一天来临，我都像是在迎接一位新娘的来临。

231

违背了自然就违背了真正的人性，与美好的规律，和造物主的智慧。

232

绝路。——绝路并不一定就是一条你从未走过的陌生的路，它也许是一条让你熟悉得令你对它产生了厌倦的路。

233

希望最大的意义在于：有了希望，也许我们从此就不再绝望。而不是，有了希望，我们真的就有了希望。

234

希望有时候会随着时光的流逝，与岁月的变迁，变得不再像是是以前的那个希望。而失望却随着时光的推移，让人感觉越发地失望。

235

如果我们总是把希望寄托于未来，也许我们就辜负了未来。

236

裸体——裸体常常让人联想到性，很少让人联想到爱。

237

如果说人有自信，那是装的。
如果说人有知识，那是学的。
如果说人有脾气，那是气的。
如果说人有胃口，那是饿的。
如果说人有睡意，那是累的。
如果说人有善举，那是多的。
如果说人有志气，那是逼的。
如果说人有远见，那是愁的。
如果说人有爱好，那是闷的。
如果说人有孝心，那是欠的。
如果说人有欲望，那是憋的。

238

男人瞧不起女人只因为她们没有长相或只有长相，女人瞧不起男人只因为他们没有钱或只有钱。

239

不结婚比和一个自己不喜欢的人结婚好，和一个自己喜欢的人结婚比不结婚好，和一个自己喜欢同时也喜欢自己的人结婚，比和一个光单方面自己喜欢的人结婚好。

240

不管两个人为何离婚，错就错在他们结了婚。

241

刚开始，一个人因为贫穷而变得贪婪。后来，他富裕了起来，他富裕起来后，他又因为贪婪而变得贫穷。

242

当一个人变得越来越无情的时候——他也变得越来越无趣。——人越无情越无趣。

243

人前半生应追求成功，超越自我。后半生应追求自然，回归自我。

244

爱好。——一个爱好就是人生的一个支柱。一个良好的爱好，不仅可以充实你的人生信仰，也可以充实你的人生生活。一个良好的爱好可以稳定你的情绪，抚慰你的精神，孵化你的理想，培育你的前程，增强你的意志，滋润你的灵魂。

245

矛盾。——有些人矛盾，是因为他们有矛，有盾。有些人矛盾，是因为他们只有矛，没有盾。有些人矛盾，是因为他们只有盾，没有矛。有些人矛盾，是因为他们既没有矛，也没有盾。

246

理想的生活

理想的生活，是远离人世纷扰而生活。

理想的生活方式，是接近大自然的生活方式。

理想的生活状态，是自给自足的生活状态。

理想的生活态度，是与世无争的生活态度。

理想的生活风貌，是上山采茶，江边独钓，林中漫步，后院赏花，围炉夜话的生活风貌。

理想的生活田园，是远离尘嚣的世外田园。

247

享受生活。——享受生活就是享受自由，享受闲暇，享受健康，享受财富，享受亲情，友情，与爱情！享受艺术，美，与诗意。

248

生活并不缺乏种种美好，缺乏的只是未对其作诗意的理解与思想。

249

不要像你能活到一百八十岁那样活着。也不要像永远没有天灾，永远没有人祸，永远没有战争那样活着。以及不要像你永远不会老，不会病，不会死那样活着。

250

最大的傻瓜是不懂得享受生活的人。

251

一个人在那里发现了幸福，他就应该在那里留下来。一个人在那里感觉不到幸福，他就应该离开那里。

一个人，无论何时何地，他都不应该忘了问问自己：生活开不开心？满不满意？幸不幸福？——否则，他将偏离了人生的轨道，身处在生活的盲区中：因不知该如何去及时修正自己，而浪费了自己的大好时光，与大好人生。

当我们发现人生是多么短暂时，我们发现自己是多么老啊！当我们发现自己是多么老时，我们发现人生是多么短暂啊！

世界上没有比追求幸福更艰难的事了，刚刚为幸福打了个基础，生命却要结束了。

一个没有信仰，没有智慧，没有梦想，没有追求，没有爱，没有善念，没有远见的人，不可能获得幸福。

爱永远没有错，遗憾的是，你跟本没有真正爱过。

人生就像一叶小舟，不知道该停靠？还是该航行？也不知道能停靠多久？能航行多久？驶向那里？在那里停靠？能停靠多久？

258

人生最重要的是能耐，与忍耐，非此即彼。

259

生命就是一个等待接一个等待，一个欲望接一个欲望，一个烦恼接一个烦恼，一声叹息接一声叹息。

260

有时候，当我们笑时，其实我们比哭还要难受。

261

每个人都有一部自己的心酸血泪史，而原本，每一部心酸血泪史的作者，原本是准备书写幸福与快乐的，这一切是怎样发生的？——唉！这就是人生的变故啊！——你一定要了解这一点！趁早！

262

我们都在受我们的命运掌控，如果你明白这个道理，你就不会虚度光阴。

263

人生是可以设想的，但是是无法预测的。

264

我们看得见的星星，绝大多数是恒星。我们记得起的人，绝大多数是亲人。

265

不能说：一切善的行为都是很理性的。但可以说：一切恶的行为都是很不理性的。

266

一个人道德的好坏，在于他个人，关系到他人，影响到社会，关乎到国家。

267

人世间：你捉弄我，我捉弄你，最后发现是自己捉弄自己。你利用我，我利用你，最后发现是自己利用自己。你算计我，我算计你，最后发现是自己算计自己。你玩弄我，我玩弄你，最后发现是自己玩弄自己。

268

人与人围绕着斗争大部分都是因为他们围绕着利益。

269

当我们不能放弃某种占有时可以占有，但要做得优雅，巧妙，与灵活。

270

减少自己的欲望会让自己感觉轻松，而过多的欲望则只会使人感觉累。

卷四

271

世界上很少有没钱的富人，但有很多有钱的穷人。

272

再富的人也需要他人帮助，再穷的人也可以帮助他人。

273

人的贫富，体现在人们的物质生活中。人的贵贱，体现在人们的精神生活中。

274

透支支出等于飞蛾扑火，贪婪敛财等于水中捞月。

275

什么是现代人的价值观？现代人的价值观就是：——除了钱，一切都毫无价值。

276

没有谁会把金钱作为自己最初的目标，与最终的目标。

277

当人类还没有发现他们共同目标的时候，人类一定还没有发明钱。

278

金钱伴着约定而来，随着诱惑而去。

279

一般来说，男人会为金钱放弃自己的理想，会为女人放弃自己的金钱，会为事业放弃自己的女人，会为家庭放弃自己的事业，会为权利放弃自己的家庭，会为健康放弃自己的权力，会为荣誉放弃自己的健康，会为欲望放弃自己的荣誉，会为理想放弃自己的欲望。

280

人会因为追求精神上的富有而陷入物质贫困，也会因为追求物质上的富有而陷入精神贫困。

281

怎样才能学会节俭？——为了学会节俭，一个人就必须花自己的钱，这或许就需要他去挣钱，因此，这就还需要他只能挣到很少的钱，并能意识到自己将来也只能挣到很少的钱，甚至是比现在更为少的钱才行，才能使一个人学会节俭。

282

有的人挣钱很快乐，花钱也很快乐。有的人挣钱很快乐，花钱却很痛苦。有的人挣钱很痛苦，花钱却很快乐。有的人挣钱很痛苦，花钱也很痛苦。

283

物质财富向来都不是属于你个人的，只有精神财富才是属于你个人的。譬如：你的东西落到了别人的手里它也许就成了别人的东西，你的钱落到了别人的口袋它也许就成了别人的钱。然而你的思想无论落到谁那里它仍然是你的思想，你的作品无论落到谁那里它仍然是你的作品。

284

人所能拥有的最大财富，是他的人生经历。

285

财富有时候是你所拥有的物质，有时候则是你所拥有的精神。有时候是你所拥有的经历，有时候则是你所拥有的潜力。有时候是你所拥有的舞台，有时候则是你所拥有的当铺。有时候是你所拥有的战绩，有时候则是你所拥有的叹息。

286

人死后唯一拥有的东西是自己的名声。

287

有些人只是身体活着，精神早已死亡。有些人只是身体死亡，精神依然活着。

288

对一个人来说，世界上最美好的东西，莫过于拥有一颗美好的心灵。世界上最丑恶的东西，莫过于拥有一颗丑恶的心灵。

289

一个人的好坏，完全取决于其心灵的好坏。

人应当追求同外在一样相媲美的内在，也应追求同内在一样相媲美的外在。

专著外表的书，比专著外表的男人，还要糟糕。

书是人类进步的催化剂。

并不是只有能成为教材的书，才是好书。

一本好书应该同时至少具备趣味性与思想性，没有趣味性，人很难读下去。没有思想性，人们就会把它遗忘。

历史给人留下的最好的东西，是各个历史时期的好书，好艺术，好文化，好知识，好思想，好传统。

与其一天读十本书，不如将一本好书读十遍。

读书不思考的人，一定是在用眼睛读书，而不是用脑子读书。

298

读书驱俗，然而读一些非常俗气的书，只会让你变得更加俗气。

299

有些书是用心写的，有些书是用血写的，有些书是用脑写的，有些书是用汗写的，有些书是抄的。

300

不被重复阅读的书，不是一本好书。

301

读书在质不在量。读书和交友一样，不在数量，而在质量。——我们应该学会善于对此精于选择。

302

世界上所有美好的思想，都在书中。

303

读书就应该读纸制书。读十遍电子书，不如读一遍纸制书。读十本电子书，不如读一本纸制书。读十年电子书，不如读一年纸制书。读书就应该读纸制书。

304

闲暇时翻开一本书，比闲暇时推开别人家的门，也许会收获更多。

305

当我手捧一本书时，我感觉自己仿佛手捧一束鲜花。

306

书对读者来说是学习与消遣，书对作者来说是灵魂与梦。

307

世界上百分之九十以上的书，都是垃圾。它们的价值，还不如一堆白纸。而一堆白纸，就因为这些人，在它上面写了一些字，而变成了一堆废纸。

308

文词话语再漂亮若它缺少了思想，那它就不会有力量，也不会有灵魂。

309

如今，男人在模仿女人写书。此前，女人在模仿男人写书。开始，只有人在模仿天才写书，和天才在写书。

310

天才只有孤独与他作伴。

311

随着一个人越来越变得出类拔萃，他也越来越变得孤独。

312

当一个人同类太多的时候，他就会显得很平凡。当一个人同类太少的时候，他就会显得很孤独。

313

一个孤独的人，如果他不是一个强者，也不是一个天才的话，那么，他是很难能被人理解的。而对于一个强者和一个天才来说，如果他们不能被人理解的话，他们是非常孤独的。

314

孤独的生活有时是非常浪漫的，与人交往有时则令人感到非常孤独。

315

有许多美好只有在人独自一人时才能感受到。

316

有许多许多的事，要想体验到其中的美好，就需要一个人独自呆着。

317

一个人要想成就伟大的事业，他就必须孤独地活着。

318

没有孤独作伴，我们可能会被吵死。

319

我是一个高贵的人，无论何时何地，发誓这样想吧！无论何时何地，也发誓这样做吧！

320

如果我们不是很愚蠢，不是有很多缺点，那么，在与他人的交往中，也许就不会再有那么多的人欢迎我们。

321

你很难感动一个不喜欢你不爱你的人。

322

不相信你的人，不可能对你有诚意。

323

从不讨好你的人，通常也从不和你来往。

324

与你交谈的人多，听你倾诉的人少，理解你的人更少，同情你的人尤其少，愿意帮助你的人少之又少。

325

世界最大的灾难就是人多，尤其是命长的人多。

326

少交往些人，就少生很多气。

327

世界上有很多人，他们一生下来，就处在我们的对立面，与我们格格不入。——直至他们死亡，或我们死亡，都是如此。

328

人不仅有身体基因，它还有精神基因，与思想基因。

329

很多时候，我们改变不是因为我们错了，而是因为我们输了。

330

一个没有信念的人，很难使人对他产生信任。

331

人只有能发现自己同别人存在的差别，才能发现自己区别于别人存在的意义。

332

一个人要想成就一番伟大的事业，他就必须非常勤奋，同时具有较高的悟性。光有勤奋没有悟性，与光有悟性不勤奋，对成就一番伟大的事业来说，都是远远不够的。

333

有很多伟大的人并没有那么伟大，但他们都被人们夸大了。

334

无论事业有多么失败，生活还是美好的。

335

人只有在自恋中才能产生自信。

很多人的眼睛，只有在哭过以后，才能发现真理。

人要让自己得救就必须得道，掌握真理。

很多事物的作用就如药的作用，它究竟是毒药还是解药，取决于它投入到其中的对象。

聪明人能够在其所处的不幸中，发现其好的一面。也能在其所处的幸福中，发现其可能隐藏的危险。

当一个人从他的角度去做一件事时，事情也许就是正确的。而当我们从另一个角度去观察这件事时，事情也许就是错误的。不同的人从不同的角度会得出不同的结论，谁也难以说服谁，因为站的角度不同，又由于人们观念的不同，使得人们得出的结论不同，从而人们互不理解，互不相信。于是，人们相互嘲笑。

幸福的世界，与不幸的世界，其实是同一个世界，只不过是：它以两副面孔展现在我们面前。

很多幸福都是通过不幸而获得的。

343

没有不幸，我们很难体会到幸福。

344

在人生中出现顺境逆境都是合理的，这种合理性，并不亚于在餐桌上出现的荤素搭配的合理性。

345

人只要活着，就总有一些幸福伴随它，也总有一些不幸伴随它。

346

没有那一种成功能让人每天都幸福，除非他有一个幸福的家，让他每天都回家。

347

一个经常改变的人通常是不幸的，但这种不幸很少是因为他经常改变而导致的，而很多是因为不幸不得不使他经常改变而导致的。

348

对于己有的幸福，将其隐藏起来，比将其表露出来，似乎更令人陶醉。

349

如果我们生活得很幸福，那一定不是有神在为我们默默赐福，就是有人在为我们默默受苦。

350

若非攀比不是那么多，幸福绝非那么少。

351

没有痛苦与失败，我们离成功与幸福的距离，也许会更为遥远。

352

幸福是存在的，但不一定出现在我们认为它必然存在的地方，有可能出现在我们灰心失望后的某个偶然间，并且是在已经经历了不幸之后。

353

在获取幸福的状态中，理智依赖于想象。在逃避不幸的状态中，理智依赖于本能。

354

幸福的心情，是五味杂陈的；不幸的心情，更是五味杂陈。

355

幸福也许只存在于：除去最好与最坏之外的，那些中庸的人的生活之中。

356

追求幸福是人的本能，与人的欲望，和人的精神。

357

如果我们认为只有财富才能带给我们幸福的话？——那么将来我们只能和乞丐享受这种幸福。

358

幸福和不幸都是可以相互转化的，都是可以相互转变的，都是可以相互转换的。

359

我们在获取幸福生活的同时也埋葬了许多幸福的生活。

360

通往幸福的路似乎都是那么地狭窄，荒凉，崎岖，黑暗，与漫长。

361

人生中的许多事，都贵在适时。错过了最佳时间，就丧失了其中的美好。早晨的饭，晚上才吃，就会丧失部分原味。

362

吃饭需张开喉咙，更需闭上嘴巴。

363

吃饭的时候说话，是在诅咒食物。

364

吃饭的时候，一切食物：火鸡，火腿，牛排，鱼……都可以从你嘴里进去，但不要说话，免得他们又从你嘴里出来……

365

吃东西应心存感激，应慢，应安静。——三点建议，也可以说是三种忠告，或三项呼吁，或是关于对一个进食者的三类提醒。

366

一个人的饮食习惯，很大程度上取决于其父母的饮食习惯。

367

充实自己，需要每天为自己准备一些精神食粮，而不仅仅是每天为自己准备一些饭菜。

368

只有具有高品位的人，才能享受到高品质的生活。

369

只有在休闲，娱乐，与消遣中，生活看上去才像是生活。

370

上天要糟蹋一个人，就会让他去糟蹋自己的生活。

371

很难再发现：还有比不知道享受人生，享受生活的人，更愚蠢的人。

372

那些只知道工作，不知道享受人生享受生活的人，通常都是一些智力与人格皆不健全的人。

373

一个国家的最底层的人民的生活水平，基本上代表着这个国家的道德水平。

374

天才的职责是创造美的事物，伟人的职责是毁灭丑的事物。

375

谎言。——谎言就是无中生有，或者捏造。或者歪曲，或者黑白颠倒。或者是一个诱饵，或者一个陷阱。或者是一个挡箭的盾牌，或者一个攻击的矛头。

376

一个国家的名人，就是一个国家的教材。一个国家的伟人，就是一个国家的精神。一个国家的思想家，就是一个国家的文化。

377

一个国家的强大，首先表现为它文化的强大，最后还是表现为它文化的强大。

378

导致国家走向灭亡的，是官员的腐败。导致官员走向腐败的，是民风的腐败。导致民风走向腐败的，是政策的腐败。导致政策走向腐败的，是政权的腐败。

379

腐败指的是：人敢胡作非为，就证明制度在某些方面存在缺陷。而非指的是：制度在某些方面存在缺陷，人就敢胡作非为。

380

腐败。——腐败就是国家漏洞，社会漏洞，法制漏洞，与监督漏洞。

381

治国。——治国归根结底还是治理人民。

382

当一个国家没有了道德时，也许证明它变得强大了。当一个社会没有了道德时，只能证明它变得堕落了。

383

在一个不讲求道德的国家讲求法律毫无意义。

384

一个国家如果没有很好的道德约束，它就很难进行法律约束。

385

法律批判，最终归结为对道德的批判。道德批判，最终归结为对善与恶，美与丑的批判。

386

一个国家的好与坏完全取决于这个国家的人民的好与坏。

387

差距产生斗争。——一切斗争都来自差距，包括国与国之间的，民族与民族之间的，党派与党派之间的，人民与人民之间的……人与人之间的所有斗争都来源于差距——差距产生斗争——斗争又产生差距。

388

人类的矛盾与分裂，基本上就是人类在认识上，思想上，情感上，利益上，追求上的矛盾与分裂。

389

可喜的战争——在于罪恶；可喜的罪恶——在于君王；可喜的君王——在于暴行；可喜的暴行——在于战争。

390

战争与和平。——战争从它一开始起，它就在乞待结束战争，拥抱和平。而和平从和平的第一天起，它就在着手准备着战争，直到战争爆发。当战争爆发后，和平它又开始像战争那样：从它一开始起，它就在乞待结束战争，拥抱和平！然后，如此往返——战争与和平——如此而已！

391

在战争中，唯一的获益者：是少数几位野心家，和一些卖棺材与墓碑的人。

392

一切好的政治思想，都得到哲学与宗教中去找。

393

比起贫穷，落后，保守，传统的诟病。繁荣，发展，科技，创新的诟病更令人恐怖，更令人贫穷，落后。相比较一下，还不如保守一点，传统一点。

394

有很多科技，都是在朝着文明倒退。

395

科学一旦不加以控制，限制，与节制，科学将会是人类未来世界的最大的灾难。

396

自然是一个良性循环，科技是一个恶性循环。

397

并不是所有的科学都代表着进步，所有的进步都代表着文明。

398

所谓科技。——科技是人类临时的天使，终究的魔鬼。临时的天堂，终究的地狱。

399

能推翻旧的科学，这才是科学家的思维，与科学思维。能否定新的科学，这才是哲学家的思维，与哲学思维。

400

科学就是好奇心，加发现，加经验，加幻想。加各种理论，加各种推测，加各种拼凑，加太多太多人的痴迷，追捧，狂热，与依恋。

401

只有少数科技对人类来说是必须的东西，绝大多数科技对人类来说都是多余的东西。

402

科学思维

精神饥渴的人，即使是得到了国王的宝座，它还是会感到饥渴。继续渴望着得到更多的宝座，它先是想到了一个，接着是两个，五个，十个，一百个，一千个，一万个……整个世界的，全球的，全宇宙的……它已经疯了。只是没有人知道它疯了而已。——人们还一直称它为国王！不，称它为英雄！不，称它为文明！不，称它为未来！不，称它为梦想！不，称它为科学！

403

谬论大多都带有喜剧色彩，真理大多都带有悲剧色彩。

404

谬误是目光短浅的人的真理。

405

谬误与真理原本属同一母亲的两兄弟，只是在通往遥远未知国度的道路上，谬误常常因为自己目光短浅，而常常选错了方向，误导了行程，也常常差点耽搁了与毁了他兄弟的真理的前程。

406

多一份智慧，少一份后悔。

407

在所有的观点中都存在有哲学观点。

408

世间的万物，只要它们被人类的眼睛所发现，它们就难逃厄运。

409

就诸多方面而言，与其说人类是在追求进步，不如说他们是在追求速度与省事。

410

人类将来灭亡在科技上的可能性，远远要大于人类将来生存在科技上的可能性。

411

科学和战争一样恐怖。

412

人民没有义务去相信政府，但有权利去怀疑政府。

413

每一个国家都有其职权泛滥的地方——那就是他们的政府。

414

国家使世界分开。而河流，大海，等自然则将整个世界紧密联系在一起。

415

国家。——国家就是世界的分歧，地球的裂痕。

416

国家。——国家就是政治偏激，民族偏激，人类偏激。

417

最恐怖的国家，是科技最发达的国家，与污染最严重的国家。

418

一个国家的文明程度，取决于其法制程度。

419

一个没有文化，艺术的国度，军事再发达，经济再发达，仍然是一个自卑，落后，与不幸的国度。

420

专制与民主的区别，也许就是国家治理人民，与人民治理国家的区别。

421

公民。——一个合格的公民，应该是一个爱国的公民，一个有知识的公民，一个守法的公民，一个勤奋的公民，一个有道德的公民。

422

所谓领导，就是组织安排的向导。领导和导游最大的区别在于：后者常常将我们领到人间天堂，前者常常将我们领到人间地狱。

423

党的好坏依赖于它的政治，政治的好坏依赖于它的政府，政府的好坏依赖于它的人民。

424

并不是所有不欣赏这个世界的人都想征服这个世界，所有想征服这个世界的人都欣赏这个世界。也不是所有欣赏这个世界的人都不想征服这个世界，所有想征服这个世界的人都不欣赏这个世界。

425

如果我们用文明征服不了别人，那么用野蛮就更难以征服别人。

426

经济是社会的搅屎棍，政治是国家的搅屎棍，军事是世界的搅屎棍。

427

历史就是战争史，加帝王史，加英雄史，加名人史。

428

没有名人，我们很难能记住历史。

429

有英雄的历史，都是苦难史。有时候，是苦难造就了英雄。有时候，是英雄造就了苦难。

430

在所有的与世无争中，都存在着某种崇高。在所有的争斗中，都存在着某种无耻。

431

战争就是由某几个当权者的简单粗暴引起的集体性的简单粗暴。

432

人类的进步只有一种，那就是文明。人类只有追求文明，才谈得上进步。只有追求各种文明，才谈得上各种进步。

433

带兵。——带兵就像带小孩一样，不过不是像父母那样带，而是像保姆那样带。

434

当兵会让女人变得看上去好像男人，会让有思想的人变得看上去好像没有思想。

435

战场上没有人去追求对与错，他们只追求胜与负。战场下没有人去追求胜与负，他们只追求对与错。

436

战争就是阴谋，暴力，与赌博。

437

战争一直都未停止过，它只是暂时还未爆发过。

438

做一名军人首先要做到勇敢，最后要做到顽强。——做许多事也是如此。

439

最浪漫的死，是为自己的亲人，和爱人而死！

440

人应该轰轰烈烈地活着，安安静静地死去。要么安安静静地活着，轰轰烈烈地死去。

441

有些人就是为将来死去以后而活着，而不是为生时而活着。

442

有多少人活着就好像他们未曾活着一样，就好像有多少人死去就好像他们未曾死去一样。

443

能活在我们心中的人，大多是死者，而非活人。

444

平庸与平凡的人只有他们自己知道他们活着。

445

人往往只有活了一辈子，才发现自己的一生像一片废墟。

446

人的价值在于人的贡献，价值的大小在于贡献的大小。

447

任何一个平庸的人都有一个使自己变得杰出的本性，只是他们这种本性被他们的奴性所取代了，有的是被他们的惰性所取代了，从而变得平庸。

448

我们不可能永远像个强者那样活着，只可能永远像个坚强的人那样活着。

449

重重困难。——困难对一个人来说是必不可少的，不然他就不知道如何去开发自己的潜力。

450

超人就是挖掘出了自己最多潜能的人。

卷五

451

一棵树之所以雄伟与美丽，是因为它把更多的部分都植入到了看不见的土里。对于打造一件作品，一座建筑，一项事业来说，要想让它们将来变得雄伟与美丽，更需如此。

452

自己的事业就是自己的灵魂。对一些人而言：追寻自己的事业就是追寻自己的灵魂，抛弃自己的事业就像抛弃自己的灵魂。

453

精神上的贫瘠，贫瘠的只有自己。而物质上的贫瘠，贫瘠的不仅仅是自己，还有整个家庭，整个社会，整个国家，乃至整个世界。

454

我宁愿做一个每天都很悠闲的失败者，也不愿做一个每天都很繁忙的成功者。

455

人不能只有活了一辈子，才明白一辈子该怎样活着。

456

自由是自我克制，而不是自我放纵。

457

自己的眼睛很难发现自己的缺点，却很容易就能发现别人的缺点。

458

一个不会生活的人，并不真正懂得工作的意义。

459

人生最大的幸福，是被人爱。最大的不幸，是不爱别人。

460

不快乐，就谈不上幸福。不知足，就谈不上快乐。不付出，就谈不上知足。

461

幸福是我们所缺少的东西——但我们所缺少的东西并不一定就能够带给我们幸福。

462

可享受的幸福，比可追求的幸福，要多得多。能享受得到的幸福，比能追求得到的幸福，要多得多。

463

幸福只是一个概念，人要想获得幸福，就必须树立一个属于自己的幸福概念。而不是人云亦云，沿用别人关于对于幸福的概念。

464

人类灵魂的栖居地。——所有的灵魂都各自栖居在自己所热爱的工作，生活，与事情上。

465

自己幸不幸福，取决于自己的心。

466

有很多痛苦，都是为了要得到快乐，而招惹来的衍生品。有很多快乐，都是为了减轻痛苦，而刨制出的替代品。

467

能让女人变得幸福的男人，其本身也很幸福。能使女人变得不幸的男人，其本身也很不幸。

468

幸福只会出现在家中，一个人如果在家里找不到幸福，那么他在其它任何地方找都是冤枉。

469

嫉妒别人的幸福——这是在加重自己的不幸。

470

幸福滋润了人的生活，却荒废了人的意志。苦难磨练了人的意志，却毁了人的生活。

471

过节会使幸福的人更幸福，不幸的人更不幸。

472

一个人的需求越少，证明他越幸福，或者越老。

473

如果没有不幸，我们几乎都不知道什么是幸福。我们只有经历了不幸，才有可能明白什么是幸福。如果没有经历不幸，我们几乎都不相信自己已经获得了幸福。

474

如果童年能获得父母的爱，老年能获得子女的爱，青中年能获得恋人与配偶的爱，这样的人生无疑是最快乐与最幸福的。

475

如果你能看到眼前，幸福其实并不那么遥远。

476

许多夫妻都知道：自己的婚姻并不幸福。

477

人的一生活得很痛苦，不是被自己的欲望折磨，就是被自己的病痛折磨，除此之外，所能获得的幸福几乎所剩无几。

478

幸福永远都不可能出现在一个没有爱的人的世界里，和一个没有爱的世界里。

479

一个人想获得智慧是很难的，想获得幸福则更难——尤其是在他还未获得智慧的情况下。

480

对人来说，没有遭受不幸，就已经很幸福了。

481

人生无论对谁而言都有两个目的：一个是实现幸福，另一个是享受幸福。然而只有最幸运的人才能实现第一个目的，只有最聪明的人才能达到第二个目的。

482

人不能没有梦想，没有追求；没有爱好，没有目标；没有诗意，没有情趣；没有品位，没有格调；没有智慧，没有方向。

483

梦想应高于实际，又切合实际，切合实际又高于实际。

484

有梦想是好的，它可以让人有前进的方向，同时它也因此让人有前进的动力。

485

对一个人而言，最悲惨的现实，莫过于梦想的破灭。

486

对一个人来说，再也没有什么比让他放弃自己的理想更残酷的现实了。

487

无论现实怎样，都不要让自己的梦想之花枯萎。

488

理想永远超出人们的想象。

489

一部好的作品，就是一个理想。

490

庸才的作品，所谓杰作，其实就是大作；所谓大作，其实就是篇幅大的作品。

491

艺术必须精益求精，不然它就谈不上艺术，也愧为艺术。

492

只有最热爱，且最优秀，与最有天赋，及最严苛的人，才配从事艺术。

493

好的艺术应该让人充满想象。

494

艺术最美妙的地方，是它使人们产生了美妙的遐想。

495

很多裸体可上升为艺术，很多动作可上升为舞蹈。

496

越好的艺术作品越显得孤独。

497

一个人要想成为永恒他就得成为一位艺术家，一件东西要想成为永恒它就得成为一件艺术品。

498

一个人应该在他一生之中至少努力干好一件事情，并使其成为精品，成为杰作，成为经典。

499

经典就是永恒的规律。——一样事物，如果它并不具有永恒的规律，那么，它就很难成为经典。一样事物，只有当它具有了永恒的规律，它才能成为经典。一样事物，它越具有永恒的规律，它就越经典。

500

读书就应该读经典，读精品，读杰作。

男人看书，多少有点书呆子气，除非他是一位学生。女人看书则没有这种书呆子气，除非她是一位老师。

差别。——无论是在事物与事物之间，还是在人与人之间，有时候，它们之间存在的一点点差别，常常会使得它们显得它们好像有天壤之别，那怕是它们之间存在的很小很小的一点点差别。——而在很多时候，我们也不得不承认：相差一点点，其实就是相差十万八千里。

语言是一门艺术，一门属于每一个人的艺术，但并不是一门每个人都把它视为艺术的艺术，仅仅是一门只有少数人把它视为艺术，绝大多数人并不把它视为艺术的艺术。

教育是国家的基础与未来。

任何学习本质上都是自学。

对一个孩子来说，失去了母亲，就等于失去了大半的教育。失去了父亲，就等于失去了大半的教材。

507

人并不是只有通过学校，才能学习。只有通过文凭，才能证明自己的水平。

508

没有一个优秀的人是靠培养出来的，他们都是靠磨练出来的。

509

人避免祸患最好的办法是减少自己的才华，同时减少自己的欲望。

510

魅力。——人的魅力，主要体现为创造力。一个人有没有魅力，取决于有没有创造力。魅力的大小，取决于创造力的大小。

511

一个人即使不懂琴棋书画，也应该为自己家里准备一把好琴，一盘好棋，一本好书，一副好画。

512

和尚作画很雅，和尚作诗非常酸，和尚作文俗不可耐。

513

相对中国书画而言：光懂书法不懂画，与光懂画不懂书法，都不能成就一个真正的书法家，也不能成就一个真正的画家，更不能成就一个真正的书画家。

书法不是写字，是画画。

很多话，很多事，很多作品，很多书，都是写给聪明的人的，而非写给愚蠢的人的。

非常好的诗，文，词，句，惊才绝艳。非常糟糕的诗，文，词，句，胸无点墨。

遇到一个毫无思想的脑袋，就如同遇到一个毫无分文的钱包，令人大失所望。

哲理就是诗意。——最深刻的哲理就是最浓的诗意。

我读到最悲凉的诗——是清官；我听到最浪漫的诗人——是悲凉。

没有多少诗是有诗意的——这是我想告诉大家的。

诗的韵味并不表现在它押韵，发音上有韵味，读起来朗朗赏口。而表现在它在内容，思理，与意境上有韵味。

522

并不是只有诗才具有诗意，很多艺术，很多生活，很多境况，很多东西，都具有诗意。

523

如果你是一个有思想的人就应该写本教材，如果你是一个有知识的人就应该编本教材，如果你是一个凡人就应该买本教材，如果你是一个名人那么你本身就是一本教材。

524

一个人的才华，是一个人最大的亮点。

525

知识。——知识有力量，要把知识转化为力量，还需要有一定的技巧，这就需要有一定的知识。

526

许多许多的挫折，才形成一点点知识。许多许多的知识，才形成一点点思想。许多许多的思想，才形成一点点曙光。

527

历史因为有美人的出现而变得浪漫，因为有英雄的出现而变得神奇，因为有伟人的出现而变得美好。

528

一个伟人就是一个时代的精神，少数伟人有着划时代的精神。

529

没有潮流，就没有时代的气息。

530

相同的时代有不同的时代精神，不同的时代也有相同的时代精神，不同的时代有不同的时代精神。

531

某个时代，就是某种生活。

532

时代是政治，经济，文化，与科技的集中体现与综合体。

533

人生就是具体到每一天的生活，生活就是我们每天都在经历的人生。

534

在人生中，有时候我们碰到的有一些人，比有时候我们碰到的有一些蛇，有一些狼，有一些蝎子，还要令人不堪回首。

535

偶像应该是自由的，善良的，正义的形象。

536

有很多名人，和犯人并没有什么区别。如果他们存在区别的话，那不过是他们的运气存在区别。

537

人与人最大的差别，来自于思想的差别。

538

真正有魅力的人，会使你变得有力量；而那些使你颓废的人，会使你变得没有魅力。

539

人只有和同他处在同一精神层次的人在一起，才能碰撞出火花，产生共鸣。

540

如果我们希望自己能区别于一些人，那我们就不应该和这些人成为朋友。如果我们希望自己能超越一些人，那我们最好和这些人成为敌人。

541

团结。——团结常常在共同的敌人出现时出现。

542

朋友和敌人几乎是上天注定的。

543

在人们脑海中，敌人都是小人。

544

敌人最坏的地方是他使我们不得不使自己变得比他还要坏。

有很多凶猛的狗，它们平时很凶猛，很嚣张，很神气。但无论它们有多凶猛，多嚣张，多神气。只要它一见到自己的主人，它的精神就萎缩了，身体也萎缩了。——有很多人见到自己的上司与领导，和这条狗见到自己的主人情况完全一样。

你要了解这一点：你如果是一个孩子，人们就会用对待一个孩子的态度，方式，与办法对待你。如果你是一个成年人，人们就会用对待一个成年人的态度，方式，与办法对待你。如果你是一位老人，人们就会用对待一位老人的态度，方式，与办法对待你。如果你是一个女人，人们就会用对待一个女人的态度，方式，与办法对待你。如果你是一个男人，人们就会用对待一个男人的态度，方式，与办法对待你。如果你是一个聪明的人，人们就会用对待一个聪明的人的态度，方式，与办法对待你。如果你是一个傻子，人们就会用对待一个傻子的态度，方式，与办法对待你。如果你是个好人，人们就会用对待一个好人的态度，方式，与办法对待你。如果你是个坏人，人们就会用对待一个坏人的态度，方式，与办法对待你。如果你是一个简简单单的人，人们就会用对待一个简简单单的人的态度，方式，与办法对待你，如果你是一个善计精算的人，人们就会用对待一个善计精算的人的态度，方式，与办法对待你……等等等等。你一定要了解这一点！

人的所有活动，都取决于其状态，环境，对象，与目标。

548

人应对待别人如贵宾，对待自己如贵族。

549

通常情况下：我们在被人喜欢的时候也总在喜欢别人，我们在讨厌别人的时候也总在被人讨厌。

550

人总是喜欢他爱的人，爱他喜欢的人，而不是总是喜欢爱他的人，爱喜欢他的人。

551

我们在某一些人中间令人喜欢，在某另一些人中间令人讨厌——这就是人生不同的境遇，每个人都如此。

552

人与人之间存在的距离，通常也就是人与人之间存在的那道难以逾越的鸿沟。

553

有时候，我们喜欢一个人只是出于自己的本能。有时候，我们厌恶一个人也是如此。其实，我们对于自己出于本能喜欢或厌恶的人并未了解。只是，从第一次见面的那一刻起，我们的内心却确立了自己的倾向。并明白无误的告诉我们：自己喜欢他，或厌恶他，或毫无兴趣，或对他无动于衷……

大多数男人只有在自己喜欢的女人面前才显得像绅士，大多数女人只有在自己喜欢的男人面前才显得像淑女。

555

当我们和自己喜欢的人在一起时，我们喜欢家长里短，说长说短，问寒问暖。滔滔不绝地说东说西，眉飞色舞地说我说你，绘声绘色地感今怀昔……当我们和自己不喜欢的人在一起时，我们则喜欢一言不发，毫无表情，两眼望着天花板……

556

如果我们一直处在我们不喜欢的环境当中，不喜欢的人物当中，不喜欢的事情当中，不喜欢的生活当中，那么，我们就是在浪费自己的时间，浪费自己的生命！

557

好好珍惜生活吧！不要浪费自己的生命，人的一生很短暂。不要认为人的平均寿命是六十岁，你就能活到六十岁。人的平均寿命是八十岁，你就能活到八十岁。我们应该学会宁可低估也不要高估自己的寿命。

558

如果我们活着，只是为了追求寿命的长短，那我们就活得不如一只乌龟了。

559

好的生活会带有一点童话色彩。

560

快乐的生活是不和别人攀比生活。

561

人十岁之前应该懂得学会适应生活，二十岁之前应该懂得学会独立生活，三十岁之前应该懂得学会创造生活，四十岁之前应该懂得学会深入生活，五十岁之前应该懂得学会享受生活。

562

没有真，与善，和美的参与，我们不可能生活得快乐！

563

缺乏经验的人并不真正了解他所过的生活。

564

一个人要想生活得好，就必须懂得自己应该做什么，不应该做什么。如果一个人不知道自己应该做什么，不应该做什么，他就应该信仰宗教。虽然宗教不一定会让他生活得好，但宗教至少会让他知道：自己应该做什么，不应该做什么。一个人要想生活得好，就必须懂得自己应该做什么，不应该做什么。

565

生活也许就像种地：种豆得豆，种瓜得瓜。可命运可不是这样。

566

没有生活情趣，就没有生活。有生活情趣，才有生活。生活情趣是生活必需品。从某种意义上说，生活就在于生活情趣。但仅有生活情趣与没有生活情趣，同样都不能成就真正的生活。

567

人的痛苦在于：他无法改变生活，也无法被生活改变。

568

生活既是教科书，也是艺术。

569

经济改变生活，机遇改变经济，意识改变机遇，知识改变意识。

570

一帆风顺的生活会使人感到如意，但不会使人感到骄傲。

571

只会工作，不会生活的人，往往是男人。只会生活，不会工作的人，往往是女人。既会工作，又会生活的人，往往是老人。既不会工作，又不会生活的人，往往是小孩。

572

热爱自己的生活，就是热爱自己的生命。

573

只有做到了眼顺与耳顺，一个人才有可能过上顺心的生活。

574

同样的生活，让不同的人去过，会出现不同的感受。

575

再好的生活也经不起重复，而太多的变化则根本不是生活。

576

人只有具备了一定的精神内涵，才能使自己的生活具有一定的内涵。

577

对一个人而言，所有美好的愿望，最后都归结为这一个愿望——那就是：让自己生活得美好！

578

衣，食，住，行，是女人追求的生活。真正的男人应远离这种观念，即使是为了追求女人。

579

只为自己活着，是悲哀。只为恋人活着，是变态。只会家庭活着，是寒酸。只为别人活着，是沽名钓誉。

580

没有人能毫无污点的生活一辈子。

581

好的生活就是不为过去悔恨，不为未来担忧，不为此刻烦恼的生活。

582

人活着就是为了某个目的而活着。

583

工作讲究的是技能，生活讲究的是情趣。

584

追求平凡的生活是最好的，虽然不是最难的。

585

最快乐，自由，与安静的花草，是默默无闻的花草。最快乐，自由，与安静的生活，是默默无闻地生活。

586

有很多农民，渔夫，牧民……他们并不知道，他们所过的生活，其实正是很多圣哲贤能梦寐以求的生活。

587

牛仔不是一个人，而是一个人的生活。渔民，牧民，农民，也不是一个渔民，一个牧民，一个农民。而是一个渔民，一个牧民，一个农民的生活。

588

一个人，无论他富，贵，贫，贱。假使他能令自己大部分的时间都能生活在开心，愉悦，知足，祥和，与放松的状态中。那么，他简直就像一位神仙。假使他能令自己百分之九十的时间都能生活在开心，愉悦，知足，祥和，与放松的状态中。那么，他简直就像一位天才。假使他能令自己百分之八十的时间都能生活在开心，愉悦，知足，祥和，与放松的状态中。那么，他简直就像一位智者。假使他能令自己百分之七十的时间都能生活在开心，愉悦，知足，祥和，与放松的状态中。那么，他简直就像一位国王。假使他能令自己百分之六十的时间都能生活在开心，愉悦，知足，祥和，与放松的状态中。那么，他简直就像一个小孩。假使他只能令自己一半的时间生活在开心，愉悦，知足，祥和，与放松的状态中。那么，他就像一个凡人。假使他只能令自己百分之四十的时间生活在开心，愉悦，知足，祥和，与放松的状态中。那么，他简直就像一个笨蛋。假使他只能令自己很少部分的时间生活在开心，愉悦，知足，祥和，与放松的状态中。那么，他简直就像一个囚犯，一个病人，一个奴隶……

589

一个人若不能神圣地生活，那他就只能神秘地生活。

590

为了生活，工作把生命几乎消耗殆尽。

591

服装是一个人对生活的首选。

592

穿衣服冬天宜黑色，夏天宜白色，秋天宜深色，春天宜浅色。

593

一款服装就是一种姿态，有时候则是一种心态。

594

（一）

一个人生活得如何？一要看看他的家，另一个要看看他的衣柜。

（二）

改善生活，要从改善自己的衣服开始。

（三）

好衣服可以增添人的魅力，提高人的自信，美化人的形象。

（四）

一个人的形象，和他所穿的衣服是密不可分的。

（五）

材质是衣服的灵魂，款式是衣服的精髓。

（六）

人会因与不同的人交往，而穿不同的衣服。

（七）

在家就应该穿睡衣。

（八）

我们很难改变自己的模样，但我们可以改变自己的服装。

（九）

人穿不同的衣服，其模样是完全不同的。

（十）

不同的服装使人产生不同的联想。

（十一）

最好的衣服常常出现在最重要的时刻和最重要的人面前。

（十二）

如果你对自己的生活感到不满意，你应该去买套令自己感到满意的衣服。

（十三）

新生活，要从新衣服开始！

（十四）

穿衣服就应该做到一尘不染。

595

服装穿着的四重境界：
——在第一阶段，人们穿衣是为了舒适。
——在第二阶段，他们追求潮流。
——在第三阶段，有些人开始追求品质。
——在第四阶段，少数一些人关注风格。

596

一个没有自信的人，无论他穿什么衣服，都不会显得时尚。

597

风格是男人的追求，时尚是女人的追求。

598

追求时尚的女人容易爱情，追求爱情的男人容易时尚。

599

美的东西也许不时髦，但绝不会过时。

600

真正爱美的人，不会只关心自己的衣服，而不关心自己的身材。不会只关心自己的模样，而不关心自己的举止。不会只关心自己的物质，而不关心自己的精神。不会只关心自己的外在，而不关心自己的内涵……一个人如果是这种人，那么，他就绝不会是一个真正爱美的人。

601

某款衣服的丧失，也许就是某种生活的丧失。

602

如果你丈夫不喜欢你穿的裙子，那么，你穿的一定不是围裙。

603

同一款衣服穿在两个人身上，会出现两种效果。穿在不同的身上，会出现不同的效果。

604

流行和时尚的区别在于：前者表现为数量，后者表现为质量。

605

对服装的乞待，通常也是一个人对美的乞待。对服装的选择，通常也是一个人对美的选择。

606

性感的身材若没被衣服给凸显出来，那它就被衣服给埋没了。

607

鞋子干净，整个人都看得干净。头发精神，整个人都看得精神。

608

穿貂皮大衣里面穿得不要像是穿雨衣时里面穿得那样，而要像是穿睡衣时里面穿得那样。

609

穿了衣服的女人没有花了妆的女人好看，没有卸妆的女人比没有脱衣服的女人好看，脱了衣服的女人比卸了妆的女人好看。

610

最性感的人，不是脱光了衣服的人，而是穿着优雅的人。

611

一般来说，一个人换衣服的频率会随着他年龄的增大而减少。

612

情人多的女人内衣多。

613

找件适合自己的衣服，对有些女人而言，有时候，比找个适合自己的老公还难。

614

穿厨师服装就应该配顶帽子，穿西装就应该配根领带，穿情趣内衣就应该配双高跟鞋，穿军装就应该配把枪。

615

在所有的鞋子当中，高跟鞋是它们当中的孔雀。在所有的裙子当中，旗袍是它们当中的贵族。在所有的颜色当中，黑色是它们当中的彩色。在所有的首饰当中，手表永不过时。

616

人不能没有内在美，人一旦没有内在美，外在美就会显得很空洞。

617

时尚是人们对时代的某种感悟，经典是人们对时代的某种情怀。

618

时尚呈现于人眼前的，除了美的事物，更多的是追求美的精神。

619

穿着得体有两个好处：可以让人多一份自信，可以让人少吃一点闭门羹。

620

没有外在美，我们很难被人认识。没有内在美，我们很难被人认可。

621

一个人的外在是否美丽，并不由他的内在决定。但他的外在是否高雅与俗气，则完全取决于他的内在。

622

人就是为美而存在的动物。世界上并不是每个人都追求善，追求爱，追求道德。但每个人都追求美，如果世界上还存在有不追求美的人，那一定是他还没有碰到出现有可供他追求美的目标。

623

人是追求美的动物。如果我们看到某一些人并不显得美，我们不能说：他们不美。我们只能说：他们不够完美。或者说：他们在追求美的道路上，获得的美还不足以使他们显得美。

624

对人类而言，美是他们所有一切追求的主旨。他们要么纯粹地追求美，要么全面地追求美。实在不能，他们就在他们追求的事物中注入美的因素。

卷六

625

有时候，为了证明自己有修养，我们只好忍着。

626

逆境对年轻人来说是好事，顺境对年轻人来说则让人感到悲观。

627

人应学会吃苦在前，享受在后。——人应当学会吃苦在前，享受在后。万不可弄颠倒了，变成了：吃苦在后，享受在前。要这么弄，那就，非常不好办了，你的前程，非常难办！

628

与其年老时受苦，不如中年受苦；与其中年受苦，不如年轻时受苦。

629

人的一生必须得吃点苦，不然他就不知道甜的滋味。人的一生也必须得经受一些挫折，打击，与磨难；不然他就不知道自己的方向。人的一生还必须经历一些痛苦与失败，不然他就不知道自己是谁。

630

人的一切痛苦，皆来自于痛苦的欲望。

631

世上的苦，大部分都是情欲之苦。

632

最痛苦的心，莫过于拥有一颗攀比心。

633

世界上最能触动人，感动人，与打动人的情景与画面，莫过于苦难中的真情。

634

医药中的良药都是苦药，生活中的良药会更苦一些。

635

享乐常常是人生的片头曲与片尾曲及插曲，吃苦才是人生的主旋律。

636

苦难。——苦难一部分是自然造成的，一部分是人为造成的。一部分是时代造成的，一部分是历史造成的。一部分是他人造成的，一部分是自己造成的。

637

苦味是将人引入反思与沉思的滋味。

638

幸福的小花朵，常开在苦难的土壤里。

639

苦难若没能淹没幸福，那么，他就突出了幸福。

640

小孩偷吃的，少年偷书，青年人偷情，老年人偷懒，都可一笑而过！

641

人只有在童年是可爱的。一到少年，就略显笨拙了。一到青年，就略显呆板了。一到中年，就略显迟钝了。一到老年，就略显木讷了。

642

要想让一个人重返童年，就必须等他步入老年。

643

童年生活就像童话生活。

644

如果不过分的要求自己的小孩，自己的小孩也是蛮可爱的。如果不过分的要求自己的人生，自己的人生也是蛮美好的。

645

动物喜欢在自己所惧怕的对手面前装死，小孩喜欢在大人面前装哭，女人则喜欢在自己所爱的人面前假装温柔。

646

中国的姓氏数量排名——就是生儿子的数量排名。

647

青春最大的优点，就在于人们常常不太那么在意与计较那些正处于这个年龄阶段的人的缺点。

648

与其做个天才儿童，不如做一个天真的儿童。

649

玩具是小孩最好的朋友，零食是小孩最好的伙伴。

650

没有小孩的人家，会少了一份生气。没有男人的人家，会少了一份骨气。没有女人的人家，会少了一份灵气。

651

爱充满了孩子气，不爱更孩子气。

652

一个人除了他自己，其实他也没有真正的爱过谁。

653

如果我们只知道爱自己，那我们就活得太悲哀了。如果我们只知道爱别人，那我们就活得太痛苦了。

654

爱是一种学问，要掌握这一学问就得要学习，要练习，要复习，必要时还得要补习。

655

有时候我们爱一个人，并不是因为我们需要得到他们的爱，而是因为我们需要释放自己的爱。

656

爱，有些时候是为了情感的获得，有些时候则是为了情感的释放。

657

如果没有美，那么，我们将一无所爱。如果没有爱，那么，我们将一无所获。如果没有真，那么，我们将一无所有。如果没有善，那么，我们将一无所取。

658

善与美和爱，是生长在人类心灵间的三朵花，然而并不是所有的人在其心灵深处都生长着有这三朵花，有的人也许只有两朵，有的人也许只有一朵，有的人也许连一朵都没有。更别说那些还能让这三朵花都得以播种，发芽，生长，开花，与结果的人了。

659

德从善来，福从德来，美从福来，爱从美来，善从爱来。

660

无论是爱人，还是被人爱，都是美好的。——爱人常常使人感到诗意，被人爱常常使人感到惬意。

661

没有爱，就没有创造力，更没有奇迹；没有爱，世界就充满着怀疑。

662

世界上最为伟大，又最为无私的爱，是父母的爱。

663

爱孕育一切，滋养一切，成就一切，包容一切。

664

爱与不爱。——不爱也许是一种自我保护，爱也许是一种自我救赎。

665

一个人只有真正爱一个人，才会真正原谅那个人。

666

只有爱能维持世间和平，与世界和平。

667

爱不令人疯狂，则会令人痛苦。

668

父爱就像中午火辣辣的阳光，母爱就像深夜水惶惶的月光。

669

自恋多好啊！最起码有个人爱自己！

670

爱是什么？——爱是力量，是欲望，是本能，是觉悟，是情趣，是品味，是隐私，是信仰，是调节，是疯狂，是情感，是希望，是斗争，是想象，是落差，是盲区。

671

爱与爱好

生活得最不幸的人，是没有爱的人。生活得最不快乐的人，是没有爱好的人。

人要想获得幸福，就不能没有爱。想要获得快乐，就不能没有爱好。

一个没有爱的人，不可能获得真正的幸福。一个没有爱好的人，不可能获得真正的快乐。

一个没有爱的人，其内心必然是冰冷的。一个没有爱好的人，其内心必然是乏味的。

一个人如果没有爱，那么，无论他有多少的爱好都难以弥补他内心的空虚。而一个人如果没有爱好，那么，无论他有多少的爱都难以填补他内心的苍白。

672

世界上最可贵与最高贵的爱好是爱干净。

673

不爱干净的人是在拿自己的健康与形象开玩笑。

674

做一个里里外外，外在与内在，都干干净净的人，并不次于做一个圣人。

675

通常来说，得抑郁症的人，都是些挑剔的人。而这些人的抑郁程度，就是这些人的挑剔程度。

676

围绕着战争，一切成为悲剧。围绕着孩子，父母成为悲剧。围绕着生活，生命成为悲剧。

677

最好的婚姻，与最糟的婚姻，通常都是第一次婚姻。

678

结婚是用一时的冲动换一生的麻木。

679

婚姻可化一切幸福为垃圾。

680

不幸的婚姻常常使全家人不幸。

681

婚姻：不是脚把鞋磨破，就是鞋把脚磨破。——那么现在：
请选择吧！到底是结？还是不结？离？还是不离？

682

婚姻！如果是两个人的悲剧，那么，它首先是孩子的悲剧。
如果是两个人的幸福，那么，它最后是孩子的幸福。

683

离婚是让一些人害怕结婚的原因，让另一些人不害怕结婚的
原因。

684

结婚若得不到幸福则失去幸福。

685

有很多人没有结婚只不过是没有领结婚证而已，有很多人结
了婚只不过是领了结婚证而已。

686

拥有一个幸福的婚姻，无论是对女人来说，还是对男人来说，
都是人生中莫大的幸福。

婚姻是一种理想。一种实现幸福的理想，一种只有借助神恩才可以实现的理想，一种令许多人毕生都为之苦苦追寻的理想。要实现这一理想，当然就必须得结婚。很多人结婚了，结婚后，很多人发现：他们并没有实现这一理想，他们只是结婚了。只是，在他们中间：有些人是为了实现这一理想而结的婚，有些人并不是为了实现这一理想而结的婚。

女人常常由困境而陷入婚姻，男人常常由婚姻而陷入困境。

结婚如果不显得两个人很相爱，那它就会显得两个人很荒唐。

般配的婚姻有很多是不相爱的，相爱的婚姻有很多是不般配的。

堕落，如果前提是在有一个人的合伙下？那么，人们常常会深省自问：——为什么人们常常选择去结婚？

宗教信徒，思想家与哲学家，艺术家，自由女神与神，都比较喜欢独处与单身。

693

对一个女人来说，最大的不幸是不结婚。对一个男人来说，最大的不幸是不信教。尤其是那些还未结婚就去信教的女人，和那些还未入教就去结婚的男人。

694

人一旦结婚，爱情就由童话慢慢变成废话了。

695

婚姻起初是爱情眼中的成绩单，而后成为作业本，最后成为下课铃。

696

婚姻是爱情的终点，家庭的起点。

697

很多不幸，都是由不幸的婚姻造成的。

698

没有婚姻的爱情，就像——没有爱情的性爱。就像——没有性爱的性欲。就像——没有性欲的性器官。

699

一个人即使是结了婚，他也不应该停止追逐浪漫的爱情。

700

择偶的难题。——在于三种不同的择偶标准：一些人视择偶作问答题解，一些人视择偶作选择题解，一些人视择偶作填空题解。

701

如果我嫁的是这样的老公

我嫁的老公如果是个老实的男人，他不会欺骗我。如果是个善良的男人，他不会陷害我。如果是个规矩的男人，他不会出轨。如果是个地位低下的男人，他不会瞧不起我。如果是个失败的男人，他也许会崇拜我。如果是个贫穷的男人，他也许会过日子。如果是个粗野的男人，他也许力气大，能干活。如果是个没文化的男人，他也许会对我刮目相看。如果是个没有能力的男人，可以不用担心他翅膀变硬了。如果是个没有前途的男人，可以不用担心他走后不会回来。如果是个没品位的男人，我不用担心自己的品味。如果是个长得丑的男人，那他可能就不会是一只鸭子。如果是个个子低的男人，他得仰视我。如果是个老男人，他也许会呵护我。如果是个不成熟的男人，我可以摆布他。如果是个离过婚的男人，他也许有很多婚姻生活的经验。如果是个找不到老婆的男人，他不会嫌弃我。如果是个不求上进的男人，也许我就能顺其自然地生活。如果是个没有主见的男人，他可能会听我的。如果是个花钱大手大脚的男人，他可能会给我买貂皮大衣。如果是个吝啬的男人，他不会把家毁败。如果是个油嘴滑舌的男人，他会懂得赞美我。如果是个不善言谈的男人，他会说不过我。如果是个虚弱或多病的男人，他打不过我。如果是个花心的男人，他也许懂得情调。如果是个书呆子，孩子也许就有了学习榜样。如果是个不负责任的男人，我会很独立。如果是个娘娘腔，也许我们有共同语言。如果是个大男子主义，我可以少操很多心。如果是个爱砸东西的男人，也许就能确保家具都是最新款。如果是个没城府的男人，他耍心眼耍不过我。如果是个平庸的男人，我不会感到自卑。如果是个有缺陷的男人，我配他绰绰有余。如果是个哑巴，他不会骂我。如果是个聋子，我可以畅所欲言。如果是个瞎子，我不用担心自己的长相和身材。如果是个性欲强的男人，他可以满足我。如果是个性冷淡的男人，我可以休息好。如果是个不育的男人，也许省了很多避孕套。如果是个不爱我的男人，他不会纠缠我。如果是个我不爱的男人，我不会吃醋。如果是个挑剔的男人，他可能很有品位。如果是个虚荣的男人，证明他有一颗上进心。如果是个内向的男人，也许他就没有那么多狐朋狗友。如果是个孤独的男人，他可能是个天才。如果是个不务正业的男人，他可能与众不同，也可能会中大奖。如果是个爱吃醋的男人，我可以经常考验他对我的爱情。如果是个贱男人，他可能会成为我的奴隶。

702

姻缘佳配。——好的姻缘应该这样配置：佳人配才子，俗人配粗人，哑巴配聋子。

703

所谓灵魂伴侣——对男人而言：就是指追寻那存在于他灵魂深处的那个外在的自己。对女人而言：就是指追寻那存在于她内心深处的那个内在的自己。

704

婚礼是为纪念男人的成功和女人的美丽而设的。

705

最好的婚礼，是两个人的婚礼。如果想让婚礼显得庄重一点的话，三个人，加上神父，就足够了。如果想让婚礼显得隆重一点的话，加上双方父母就够了。如果再想让婚礼显得气派一点，再加上双方亲属就足够了。如果想让婚礼变得排场，那就再把朋友叫上。如果想让婚礼变成一场盛会，那就把同事也叫上。如果想让婚礼变成一场秀，那就把能叫的人都叫上，不能叫的人花钱雇来……一般来说这仅仅是我个人的看法：我认为，婚礼的人数越多越俗气。——

706

男人喜欢和社会经验复杂的女人调情，但会和社会经验单纯的女人结婚。女人会和社会经验复杂的男人结婚，但喜欢和社会经验单纯的男人调情。

707

离婚并不是想通过用结束自己婚姻的方式去否定自己的婚姻，只是想通过用否定自己婚姻的方式去结束自己的婚姻。

708

和富贵夫妻比起来，贫贱夫妻更像夫妻。和贫贱夫妻比起来，富贵夫妻更像情人。

709

世界上最快乐的夫妻，不是新婚夫妇，就是老夫老妻。

710

所谓夫妻，就是谈未来为时过早，谈爱情已为时过晚的一对男女。

711

没有共同语言的夫妻，一定是没有孩子的夫妻。

712

结婚带给某些人的唯一幸福只是让他们体会到了离婚的幸福。

713

没有事业支撑的爱情对男人来说是可怜的，没有爱情支撑的事业对女人来说是可悲的。没有事业支撑的婚姻对男人来说尤为可怜，没有婚姻支撑的事业对女人来说尤为可悲。

714

为了结婚，爱情常常能战胜婚前的种种不幸。结婚后，婚后的种种不幸又战胜了爱情。

715

有好的妻子，但其中却难发现有好的伴侣。
有好的伴侣，但其中却难发现有好的恋人。
有好的恋人，但其中却难发现有好的恋情。
有好的恋情，但其中却难发现有好的女子。
有好的女子，但其中却难发现有好的归宿。
有好的归宿，但其中却难发现有好的妻子。

716

夫妻时而像朋友，时而像敌人。时而像君子，时而像小人。时而像亲人，时而像仇人。时而像圣人，时而像情人。

717

在妻子眼中，丈夫往往被描绘成漫画。在丈夫眼中，孩子往往被描绘成漫画。在孩子眼中，继母往往被描绘成漫画。在继母眼中，妓女往往被描绘成漫画。在妓女眼中，妻子往往被描绘成漫画。

718

由物质与肉体组合而成的婚姻多，由精神与心灵组合而成的婚姻少。

719

婚前婚后中的女人

婚前婚后中的女人！——女人结婚前是什么样？结婚后又是什么样？唉！我说：女人结婚前肉体是个悲剧，精神是个喜剧；结婚后肉体是个喜剧，精神是个悲剧。女人结婚前为爱情嘲笑一切钱财，结婚后为钱财嘲笑一切爱情。女人结婚前外衣很露，内裤却很保守；结婚后外衣很保守，内裤却很露。女人结婚前总认为自己很老，结婚后总认为妆化的很好。女人结婚前食欲跟结婚后的性欲一样，结婚后性欲跟结婚前的食欲一样。女人结婚前对男人来说大径相同，结婚后对男人来说各有弊端。女人结婚前为你而死不后悔，结婚后见你晕倒无所谓。女人结婚前为了结婚不惜一切，结婚后为了离婚一切不惜。

720

战争和离婚都让人接受不了，即使我们把它降格为国家之间的冷战，与夫妻之间的冷战。

721

离婚的好处是：可以清楚自己的家产，可以使孩子早点独立，可以减少家里一个噪音，可以多次结婚。

722

一种游戏如果它不能使人振奋它就会使人麻痹，一段婚姻也是如此。

723

结婚，就是在表达一种共产主义信念和理想。共产主义虽然没有在国家中实现，但在家庭中早已实现了。

724

不结婚将失去以下两种幸福：——不结婚就不可能体会到结婚的幸福，更不可能体会到离婚的幸福。

725

贞洁，性，爱情，婚姻。——一部分人习惯把其贞洁看得比其性重要，把其性看得比其爱情重要，把其爱情看得比其婚姻重要。一部分人则相反习惯把其婚姻看得比其爱情重要，把其爱情看得比其性重要，把其性看得比其贞洁重要。

726

心猿意马。——我们想与之性爱的那个人，首先我们认为是她的脸蛋吸引着我们，随后我们发现脸蛋不重要身材很重要，随后我们又发现身材不重要皮肤很重要，随后我们又发现皮肤不重要技巧很重要，随后我们又发现技巧不重要脸蛋很重要……

727

所有的爱都是肤浅的，尤其是男女间的爱——除非他们为爱付出了代价。

728

一个人一定要有自己的所爱，不然他就不可爱。

729

我们想象中的花朵永远比我们所看到的花朵更迷人，更美丽，更纯洁，更完美无瑕。——我们想象中的爱情也是如此。

730

每一个女孩都有自己心中的白马王子，每一个男孩都有自己心中的白雪公主。

731

爱情如同电影，重要的不是它有一个美好的结局，而是它有一个精彩的内容。

732

爱情让人眼发亮，心发热，腿发软，脑发呆。

733

亲情，友情，爱情，缺少了其中任何一种感情，我们的人生，都是荒芜的。缺少了两种，我们的人生将是畸形的。缺少了三种，我们将活得禽兽不如。

734

没有人能当爱情的主人，每个人都是爱情的傀儡。

735

我们对于一个异性所能产生出的最真实的感情——就是对他所产生出的爱情。

736

爱情多么神奇啊！它能让一位勇士变成一个害羞羞怯的少女，它能让一个害羞羞怯的少女变成一位勇士。

737

世界上最美丽的事，莫过于爱情！

738

人生最浪漫的旅途，是爱情之旅！

739

友情是对亲情的补充，爱情是对友情的补充，色情是对爱情的补充。

740

没有事业与没有爱情都使男人感到无聊，没有婚姻与没有爱情都使女人感到空虚。

741

男人的爱很浪漫，也很浪费。女人的爱很诱人，也很烦人。

742

只有少数较为幸运的人尝到的爱情之果是甜蜜的，绝大多数的人尝到的爱情之果都是苦涩的。

743

最浪漫的事，是和一位恋人分手，再不见面！

744

所有爱情，当我们到了回忆它的时候，都是美好的。

745

错过了爱情与童年，就错过了真正的诗与童话。

746

和一个人结婚却不与他相爱，与与一个人相爱却不和他结婚，同样是一个错误。

747

人会因相爱而结婚，也会因结了婚而不再相爱。

卷七

748

人们害怕老，是因为老笼罩在丑，疾病，与死亡的阴影中。

749

老年的很多不幸，就在于老年没法享受很多幸福。

750

我们应该把自己的晚年，设计得像晚会一样。

751

中年对男人来说意味着步入成年，中年对女人来说意味着步入老年。

752

当我们意识到自己已经长大时，我们也意识到自己已经老了。——这就是人到中年常常会产生的意识与感悟。

753

男人随着年龄的增长不断需要金钱，名誉，与地位……归根结底——男人需要尊严。事实却恰恰相反地证明：那种不顾甚至不要尊严的男人，往往获得了代表拥有尊严的一切：金钱！名誉！地位！

754

尊严不是头上戴的皇冠，而是手中握的武器。

755

首都是男人的梦之都与欲望之都。

756

流泪的男人比流血的男人更痛苦。

757

对一个男人来说，第一等事业是造福世界，第二等事业是报效祖国，第三等事业是服务社会，第四等事业是养家糊口。

758

男人最好的情人是事业，而不是女人。

759

真正的男人应痴心于他的事业，痴情于他的事业心。

760

如果一个男人，一生都没有事业，那么他的一生，是很糊涂的一生。

761

两不能。——一个追求事业的男人不能没有女人，一个追求女人的男人不能没有事业。

762

对男人来说，他们的心胸比他们的大脑更加重要。

763

一个深沉的男人不应该被事情搞得晕头转向：——不管是被一阵掌声，还是被一瓶酒，还是被一堆钱，还是被一个女人。

764

我们把那些可以长出胡子，不能生小孩，个子偏高，皮肤偏黑，嗓音偏粗，力气偏大，寿命偏短的人，统称为男人。

765

太漂亮的女人命薄，太有才的男人命短。

766

让男人变得更男人的是苦难，让女人变得更女人的是安乐。

767

人是充满变化，不断变化，随时变化，永远变化的动物。

768

人性与个性。——人性与个性，是人的两大特性。人要区别于动物，就不能没有人性。人要区别于其他人，就不能没有个性。

769

我们评价一个人，最终还是依据善恶，美丑，真假，忠奸，正邪，孝忤，功过，雅俗，贫富，贵贱，成败，等等这些古老的标准来进行评价。

770

不仅要从一个人的外表上去判断一个人，还要从行动上，举止上，思想上，审美上，追求上去判断一个人。

771

遇不到美好的人，就不可能遇到美好的事。

772

人应在灵魂上追求美丽，在精神上追求自由，在情感上追求纯洁，在行为上追求高尚。

773

实现理想虽有十分，百分，甚至万分的困难；可实现它后，也有十分，百分，甚至万分的幸福。

774

比表现优秀的人显得更为高级的一类人是表现优雅的人。

775

最没有格调的人，是没有人格的人。

776

有才能而无修养的人也许令人钦佩，但不会令人尊敬。有修养而无才能的人也许令人尊敬，但不会令人钦佩。

人会因为自信而充满力量，会因为没有自信而丧失力量。

当一个人不再希望时，绝望就会折磨他。当一个人不再绝望时，希望就会折磨他。

彩虹多在风雨后，成功多在失败后。

失败完全可以从新开始，成功完全可以从零开始。

特别失败与特别成功的人，都容易人格分裂与变态。

如果我们不是为追求成功，我们就不会那么堕落。如果我们不是那么堕落，我们就不会那么成功。

历史证明：平庸的人最后只会埋没自己的名字，作恶的人最后只会玷污自己的名字，唯有正直，善良，乐于奉献，且大有作为的人，才无愧于自己的名字。

一个人的名字，就像一个产品的商标一样：我们想要让它变得响亮，就得区别于，领先于，优于，其它产品。

785

你应该学会与人保持距离，而不应该随便地与人掺和在一起。否则，你将可能会被人误视为：你和他们是一伙的，一类人，其中的一员，一份子。而你，也可能会因为自己没有学会与人保持距离，而在不知不觉中，真的变成了他们的同伙，同类，其中的一员，一份子。而自己却恍然不觉，不知。

786

在你没落时接近你的人，大多是善人。在你腾达时接近你的人，大多是小人。

787

他人。——在人们眼里，他人都是怪人。在人们心里，他人都被人们理解成了怪人。

788

要想理解一个人，只能试着从站在他自身的角度中去理解他。

789

我们每个人对别人多少都有点误解。

790

我们很难证明谁是没有追求的，我们只能证明他们和我们有着不同的追求。

791

被人批评是不好的，批评别人就更不好了，批评别人等于被人批评，被人批评不如自我批评。

792

唱歌要懂得柔和，跳舞必须懂得，做人嘛？——应该懂得。

793

一个人只要心坏了，一切都坏了。

794

美与丑的反差是多么大啊！尤其是心灵上的。

795

人不应忘记自己是一个动物，更不应忘记自己与动物的区别。

796

一个人是正义的？还是邪恶的？从一个人身上就能够看得出来。一个人如果他是正义的，那么，他身上就会透露出一股正气，有的人甚至全身都透露出正气。一个人如果他是邪恶的，那么，他身上就会透露出一股邪气，有的人甚至全身都透露出邪气。

797

一个人的眼睛，直接影响到一个人的外在。一个人的眼神，直接影响到一个人的内在。

798

一个人要想使自己走路走得好看，他就应该像军人那样走直线，像模特那样走得优雅。

799

如果你认为自己是性感的，那么，你的声音会首先变得性感起来。

800

一个人脾气的好坏，会影响到他牙齿的好坏。

801

当我们有爱时，我们给别人的感觉就是温暖的。当我们没有爱时，我们给别人的感觉就是冰冷的。

802

当一个人产生了罪恶感——他的心就会越来越变冷，而他的脑子就会越来越发热。

803

一个人的自由必须跟随着法律，并伴随着道德。

804

做人厚道是一种智慧，是一种长久之计。

805

只有傻瓜才愿意一辈子当聪明人，只有聪明人才愿意一辈子当傻瓜。

806

人应该少想那些令人不愉快的事情，而应该多想那些令人愉快的事情。——如果你反其道而行之，那你就是一个不知好歹的人。

807

很多现在看来极其重要的事，到头来却是生命中微不足道的事。

808

做人顺其自然，是在投入自然，勉强自己，是在为难自己。

809

当我们总是和我们的心作对时，命运也总是与我们作对。

810

有很多人他们活着，只能说：他们像一个人那样活着。很难说：他们活得像一个人。

811

智商使人类得以进步，情商使人类得以共处。

812

一般来说，美人要比丑人情商高，善人要比恶人智商高。

813

一个人若想克服自己的无知，浅薄，与混乱。只有学习，钻研，与思考。且要深入地，不断地：学习，钻研，与思考。

814

最没素质的人，是什么都不懂的人。

815

每一个人都有一个可以让它精神停靠的小小的港湾——这就是每一个人的信仰。

816

印象。——有些人给人留下恶劣的印象，有些人则给人留下美好的印象。有些人给人留下浅淡的印象，有些人则给人留下深刻的印象。有些人几乎无法给人留下印象，有些人则给人留下难忘的印象。有些人给人留下短暂的印象，有些人则给人留下永久的印象。

817

骄傲是令人肉麻的，那种假装的谦虚更令人肉麻。

818

通常来说，主动的人，通常也是积极的人；被动的人，通常也是消极的人。

819

所谓老人。——老人就像病人，无论是在身体上，还是在精神上。

820

小人就是比女人更嫉妒，比男人更阴险的人。

821

喜欢耍游戏的人不过是被游戏给耍了的人。

822

凡人与圣人的区别，表现在思想上。穷人与富人的区别，表现在物质上。俗人与雅士的区别，表现在精神上。

823

文人与武人。——一般来说：文人爱吃素，武人爱吃肉。文人爱喝茶，武人爱喝酒。文人好静，武人好动。文人喜欢晚睡，武人喜欢早起。文人一生多坎坷，武人一生多沧桑。文人相轻，武人相畏。文人善谋不善战，武人善战不善谋。文人多慈父，武人多孝子。文人红颜知己多，武人白头偕老多。文人多祸，武人多害。文人多韵事，武人多传奇。文人成功勤奋多，武人成功刻苦多。文人相遇皆学生，武人相遇皆老师。文人关系到国家的文明，武人关系到国家的安全。

824

坏人之所以成为坏人，是因为他们的趣味变得低级了。而那些比坏人更加坏的一类人，自然也就是一些趣味更加低级的一些人。非常坏与特别坏的人，就是趣味非常低级与特别低级的一些人。

邻居。——邻居就是钥匙不在时就成了家，家人不在时就成了家人，朋友不在时就成了朋友的人。——他们在时他就不在的人。

和我们保持着完美距离的人。

互不打扰的人。

让我们感到神秘，且一直对我们保持神秘的人。

因为离得太近所以被彼此疏远的人。

非常值得怀疑又非常值得信任的人。

经常以借东西为由接近我们或窥探我们的人。

会因为妻子漂亮或女儿漂亮而变得对我们冷漠的人，也会因为我们的妻子漂亮或女儿漂亮而变得对我们友好的人。

经常提醒我们注意防火的人。

不希望我们比他有钱但希望我们成为大富翁，不希望我们比他官大但希望我们成为总统的人。

打了很多招呼却很少说话的人。

和我们的交情始终处于并维持于"君子之交淡如水"的那种交情的人。

为我们判断自己是否幸福或多或少提供了参考的人。

很难成为朋友也很难成为敌人的人。

我们总是想不起的人。

搬家后他日遇见倍感亲切的人。

不受欢迎的人，一般都走得早；受欢迎的人，一般都来得晚。

喜欢讨价还价的人不是爱占便宜的人，就是爱买便宜东西的人。一般来说，爱占便宜的人爱买便宜东西，爱买便宜东西的人爱讨价还价。

828

人要想经常快乐，就得经常买点东西。要想特别快乐，就得买点特别的东西。

829

这很奇怪：如果说人们不太容易接受忠告？那他们是怎么接受谎言的呢？——谎言看上去难道不像忠告吗？

830

精神空虚的人比较容易肥胖。

831

工具。——人强大于其他动物，在于人会发明，制造，与使用工具。而在人类他们同类之间：一支军队强大于另一支军队，一些民族强大于另一些民族，一个国家强大于另一些国家，也正是因为他们拥有了比对方更为先进与强大的工具。

832

讲礼貌是一个人的美德——尤其是对于那种根本就没有什么美德可言的人而言。

833

经常向人说对不起的人，是非常让人厌烦的人，尤其是那种还经常应该向人说对不起的人。

834

当我们爱别人的时候，我们也是很可爱的。

835

一个人，无论他在什么地方，如果他不能优雅地呆在那个地方，那么，他就应该优雅地离开那个地方。

836

死是让人感到非常遗憾的事，然而比这更令人感到遗憾的事是：——带着遗憾死。

837

一栋很旧很破的房子倒塌了，并不一定是悲剧，只有里面有人才是悲剧。

838

跟随智者的，大部分还是智者。统领蠢人的，只有少数不是蠢人。

839

听不懂你的话的人，肯定不懂你的心。

840

容易受骗的人

容易受骗的人多半是爱冲动的人。不冷静的人。情绪激动的人。爱跟风的人。喜欢凑热闹的人。喜欢盲从的人。喜欢自作主张的人。容易轻信的人。性急的人。警惕性不高的人。不爱动脑子的人。爱幻想的人。反应迟钝的人。粗心与鲁莽的人。爱占便宜的人。不辨是非的人。直觉欠缺与直觉混乱的人。闲人、与无所事事的人。经验欠缺的人。地位低下的人。不爱看新闻的人。糊涂的人。过于乐观的人。急于求成的人。爱出风头的人。好面子与抹不下面子的人。未受过骗的人。轻浮的人。自以为是的人。单身，寂寞，孤独，与失落的人。年轻人与老人。空虚的人与穷人。好奇的人。疏于防范的人。自以为聪明的人。

841

每个人都有自大的一面与自卑的一面。

842

我们也许只有关心了一个人，才能对他有所了解。了解之后，我们也许只有理解了他，才可能懂得如何去关心他。

843

一般来说，就普遍情况下：人的前半生性格像父亲，后半生性格像母亲。

844

人至少应该有一位亲人，情况好点的话，还至少应该有一位爱人；情况可以再好点的话，还至少应该有一位友人；情况可以继续好点的话，还至少应该有一位情人；情况特别好的话，还至少应该有一位仆人。

845

将一件事交给粗心人，等于交给了他几件事。

846

关于幸运的解释：——在我看来，当一个人没有厄运，他就已经很幸运了。

847

"人与人的关系就是经济关系"。——马克思的这句话讲得好。我认为：衡量一个人与他人所谓的亲情，友情，与爱情，是否是真正的亲情，友情，与爱情？就在于他们是否超越了这种关系。

848

对人太好与对人太坏都不科学，都很危险：——因为对人太好，最终只会把他人给宠坏。而对人太坏，最终只会让自己学坏与变坏。

849

谁不能服从自己的理智，谁就是神经病。

850

当一个人变成了一个强者，同时，他也就变成了一个在许多人眼中与心中的假想敌。——对于一个变得强大的国家来说，其情况更是如此。

851

人最有诗意的时候是别离，尤其是永别！

852

人生的一大悲哀，就是我们时常不得不面对许多我们所不喜欢的人。而当我们面对我们所喜欢的人时，他们当中又有很多人不喜欢我们。

853

女人成功了会变得像小人，小人成功了会变得像女人。

854

再多的知识也很难改变一个人的无知。

855

有些人与事，即使失败也不同反响。有些人与事，即使成功也不足挂齿。

856

我们觉得自己不好问的问题，通常也就是我们觉得别人不好答的问题。

857

——为什么自己的缺点，通常只有自己不知道？
——因为自己的缺点，通常只有自己才能忍受。

858

一颗果子熟透了，它就会掉在地上，或仍然呆在树上，等待枯萎。——一个人也是如此。

859

知识，就是方向。但错误的知识是错误的方向，只有正确的知识才是正确的方向。

860

一个人是否充实——取决于他闲暇时间是否充实。

861

那些活得没什么意义的人也一定活得没什么意思。

862

无论我们施恩于一个人是不是为了想要得到报答，我们都应该清楚地知道：我们施的恩越大，我们得到报答的可能性就越小。

863

我们只能信任那些能使我们对他产生希望的人。

864

当人与人的信任失去了，一切都无从谈起。

865

真诚与热情可以缩小人与人的距离，虚伪与冷漠则可以扩大人与人的距离。

866

与人交往与相处，除了保持外在的礼貌，与内在的善良，和适当的距离外，再无其他更好更高明的技巧与办法。

867

不尊重你的人，要么是不知道你价值的人，要么是不懂你价值的人，要么是否定你价值的人，要么是忘记你价值的人。

868

一个伟大的人比另一个伟大的人更加伟大的原因，不是因为他的伟绩更为丰功，只是因为他更加有良知，更无私，更文明。

869

每一个人都是自己欲望的奴隶。

870

一个人，如果他不知道真，善，美，与爱在那里？那么，他就不知道真理在那里。

871

一个人，我总是一个人。这并不是因为我不需要别人，而是因为别人不需要我。这让我感到孤独，尤其在我需要别人的时候……在别人需要我得时候，我感到他们和我一样孤独，这让我感到特别孤独。在别人不需要我的时候，我感到万分孤独。在我不需要别人的时候，我感到一种来自灵魂的孤独。

卷八

872

每一次失败都是一个全新的开始，每一次成功都是一个全新的向往。

873

人生中最美好的时光，莫过于童年时光，爱情时光，家庭时光，与一人独处时的时光。一人时光就是人生里的自由时光，童年时光就是人生里的童话时光，爱情时光就是人生里的浪漫时光，家庭时光就是人生里的幸福时光。此外，需要特别指出与必须指出的是：任何时光都是人生里的宝贵时光。

874

蠢人的知音应该是最多的，因为蠢人是最多的；因而不要与蠢人斤斤计较，因为蠢人到处都有。

875

有与无。——有，与无，对一个人来说：有，莫过于有趣；无，莫过于无趣。

876

优点使我们得以上进，缺点使我们得以平衡。

877

无论是良好的工作，还是糟糕的工作，对一个人来说，工作是驱动。但对一个人来说，良好的工作是良好的驱动，糟糕的工作是糟糕的驱动。

878

气质与对抗。——人所表现出的最大气质是什么？——是对抗。人所表现出的最大对抗是什么？——是气质。

879

同性恋对同性来说是一种傲慢，对异性来说是一种偏见。

880

最富有的人，也许不是拥有最多的人，而是给予最多的人。也许不是赢得最多的人，而是输得最多的人。也许不是得到最多的人，而是付出最多的人。

881

人与人之间是有心灵感应的，尤其是在父母与子女，兄妹与姐弟之间。

882

人生时充满了情意，死时充满了诗意。

883

一个人的所有情义就是他的所有正义。

884

人性。——人是充满了敌对性的动物，充满了矛盾性的动物，充满了个性与共性的动物，充满了兽性与神性的动物。

885

只有非常自卑的人，与非常盲目的人，才会非常在意他人的看法。

886

人不享受就难受。

887

墓志铭是死者的对联，对联是生者的墓志铭。

888

每一个国家都生活在战争的阴影中，每一个民族都生活在国家的阴影中，每一个时代都生活在社会的阴影中，每一个人都生活在时代的阴影中。

889

一个人只有具备了基本的修养他才会说奉承话，只有具备了极大的修养他才会说公道话。

890

一个人如果他缺乏修养，那只能证明他脑子缺氧。

891

每个人对自己的认识都是模糊的，尤其是他们对于自己的失败与缺点。对别人的认识，那就更模糊了，尤其是他们对于别人的成功与优点。

892

人只有通过参照与比较，才能对自己进行正确的评估，评估自己才客观，全面，与有意义。

893

有些人名气很大作为很小，有些人名气很小作为很大。

894

我们能成为什么样的人，取决于我们能成就什么样的事。

895

成就伟业。——只有天生伟业的人才能成就伟业。

896

一个人的人生观，取决于他的价值观。一个人的价值观，取决于他的世界观。一个人的世界观，取决于他的审美观。一个人的审美观，取决于他的道德观。一个人的道德观，取决于他的人生观。

897

我们并不是不能忍受别人的骄傲，我们只是难以忍受别人比我们更骄傲。

898

我们每天都有许多身体上的热量和精神上的热情等待我们去释放——这就是很多人呆在家里总感到闷闷不乐的原因。

与人攀比，如同自欺，走自己的路吧！从现在起！永远不要，与人攀比。永远！

时间不是跳动的钟表，而是跳动的心。

丧失了热情，一切就都如同形同虚设。

应该把昨天变成你的财富与荣耀，把今天变成你的幸福与快乐，把明天变成你的憧憬与希望。

不会弹琴，辜负了一双手。不会跳舞，辜负了一双腿。不会打扮，辜负了自己的长相。不会保养，辜负了自己的身体。不会欣赏，辜负了一双眼睛。不会表达，辜负了一颗心。不会爱，辜负了别人的爱。不会享受，辜负了自己的拥有。不会生活，辜负了死者。

抽烟会使你嘴发臭，牙发黑，皮肤发黄，声音发哑，周围空气发霉。——因此少抽烟！

毫无疑问，身心愉悦与充实，时间就过得快。身心痛苦与空虚，时间就过得慢。

906

觉得时间过得太慢的人，大多是年轻人。觉得时间过得太快的人，大多是中老年人。

907

专业在于专注。

908

冰冷的吻，还不如拥抱。冰冷的拥抱，还不如握手。冰冷的握手，还不如鞠躬。

909

有时候回头是难的，难得让人想扭头而去。

910

不幸是一项警告，一种提醒。无论是自己的，自己身边的人的，还是那些我们所不认识的人的。

911

礼貌在有些时候是一种习惯，在有些时候是一种装饰，在有些时候是一种殷勤，在有些时候是一种无奈。

912

谁是谁的猎物？——一个猎人死了，死在一头野兽口下，猎人永远都想不到，自己竟成了自己猎物的猎物。——若把这情形换到情场上，那些追逐女人的男人会更是想不到。

913

在交际场中，最可贵的是沉默与幽默。当无话可说时，不妨适当的沉默。当有话可说时，不妨适当的幽默。

914

没有什么不可说的，就怕说得不幽默。

915

幽默是含着眼泪的微笑。

916

悲剧与不幸使我们明白了很多很多，也懂得了很多很多，与学会了很多很多……其中可与人言的，除了心中的心酸，只有讲给别人耳中的幽默。

917

喜剧使人学会了节制，悲剧使人学会了幽默。

918

当人独处时，都是很可爱的。当人与他人相处时，都是很可怕的。

919

只有捡破烂的人的家，才满屋的东西。

920

对于那些睡眠质量好的人来说，一觉睡到天亮是好的，对于那些睡眠质量不好的人来说，一晚上醒来几次也是好的。——这可以让他们一晚上可以多睡几觉。

921

"在市场中，始终存在着一只看不见的手。"——亚当·斯密说。在事情中，始终存在着一双看不见的眼睛。——我说。

922

如果我们用别人眼中的我们看待自己，那我们现在就算是是死是活其实都没有什么关系，也没有什么区别。

923

人要向他人学习，但不应模仿他人。

924

与人格格不入会使自己成为他人眼中的怪物

有些人总是与你不一样，久而久之，你再不相信你们有什么不一样，有什么不同。不，再不相信。——你只相信你们其中的一个人是怪物。

925

禅——当一天和尚撞一天钟，"禅"这个字，就是和尚的钟。

926

把酒当饭吃，同时又能把饭当酒喝，这种完美组合的食物是什么呢？——答案是米酒！

927

封斋对穆民是好的，对想减肥的人尤其好，对想减肥的穆民刚好。

928

在人性的众多弱点中，其中最为常见的一个弱点，是很多人的快乐，是以折磨他人为快乐。而在那些没有折磨他人的人中，则又有太多太多的人，又以看到或听到他人受折磨为快乐。

929

只有自己的平庸才使自己显得平凡。

930

想象力是一种能力，人的判断力与创造力等等等等诸多能力就依赖于这种能力。

931

再有趣味的人，也很难完全战胜乏味的生活。

932

死对少数俊杰来说意味着永生，死对绝大多数凡夫俗子来说也许就意味着他们彻底死了。

933

我们不应该在我们活着的时候把自己的身体搞得比我们将来死去以后味道还要难闻。

934

天堂与地狱并不是对立的，也不是因果关系。但二者所构柱成的人群却是对立的，并且是因果关系。

935

一些人逃出了自己的深渊，却掉进了别人的陷阱。一些人逃出了别人的陷阱，却掉进了自己的深渊。

936

当我们熟悉自己的退路多于熟悉自己的出路时，我们就选择了——通常人们所说的——逃避。

937

通常来说，人只有告别了青春，才能发现，青春是美好的，即使是青春里的烦恼，也是美好的。同样，人只有告别了人世，才能发现，活着是美好的，即使是活着时的苦恼，也是美好的。

938

青春！——那是一段因为自己没有犯错误，而让我们感到惋惜的年代。

939

人在年轻时应该干点荒唐事，一个人如果他在他年轻时从未干过荒唐事，那么，若干年之后，当他老了之后，他会发现，他的人生，反而会因为他在他年轻时从未干过荒唐事，而显得有些荒唐，甚至是显得更加荒唐。

只有挥霍自己青春的人，才显得青春。

为了使自己老年少犯错误，人就应该在年轻时犯点错误，得到一些教训。这比它们情形颠倒过来好。

二十岁我们后悔自己没有学习，三十岁我们后悔自己没有勇气，四十岁我们后悔自己没有拼搏，五十岁我们后悔自己没有坚持，六十岁我们后悔自己没有做错事。

有志气的人，才是有头脑的人。真正有志气的人，才是真正有头脑的人。

一个人最大的见识就是不和别人一般见识。

我们无论做什么事情都应该做到有头有尾，以及做到做得彻底。

世界上那些没有获得成功的人，大部分都是因为他们没有找到自己真正喜欢干的事。

947

没有一无所有的人，只有一无所获的人。

948

工作——一切都来源于工作。

949

罪恶即使不把人带往监狱，也会把人带往地狱。

950

行善虽不一定有善报，但很少有恶报。行恶虽不一定有恶报，但很少有善报。

951

我们应该了解，明白，与学会，不随便浪费自己的精力与体力。——除非是为了锻炼。

952

没有人能真正胜任自己的职位，除非这个职位是官位。

953

故乡——这是一个令年轻人想离开，令老年人想回去的地方。

954

某一件事对某一个人来说也许容易得信手拈来，但对另一个人来说也许就难如上青天……这样的事例很多，非常多，特别多，多之又多。

955

如果我们想让一个人，变得像一个动物一样，那就让他情绪失控吧！如果我们想让他更加像动物一样，那就让他更加失控吧！如果我们想让他彻底像动物一样，那就让他彻底失控吧！

956

若一个人学会了控制自己的情绪，那么，他已避免了很多失误。

957

我们不应该和小人一起喝酒，同俗人一起喝茶，与粗人一起吃饭。

958

人在他同类眼中常常属另类，人是常常被他的同类视为另类的动物。

959

仪式若不显得很神圣，就会显得很俗气。

960

过度享乐即使不是非常罪恶的行为，它也是非常愚蠢的行为。

961

控制自己的欲望吧！你不应该让它为所欲为。

962

所谓气场。——气场就是魅力所能覆盖的区域，或者说气场就是魅力所能覆盖的范围。一个人有没有气场，在于他有没有魅力。一个人气场的大小，在于他魅力的大小。总的来说，气场是一种感染力。有感染力，就有气场。没有感染力，就没有气场。感染力小，气场就小。感染力大，气场就大。

963

虚荣常常会让人失去真正的荣耀。

964

没有美德，我们活着只有骂声，死后只有笑声。

965

我实在告诉你们：每一天都是上天的恩赐！

966

假如人们能在迷信中成全自己，迷信并没有什么不好，不好的是，人们在迷信中迷失了自己。

967

干自己所不能胜任的工作既可怜，又可笑，又可悲。

968

工作。——工作或多或少会影响一个人的生活。人们工作，是为了生活。但在权衡工作与生活关系的利弊博弈中，不同的人有着不同的态度与选择。而在大部分选择了工作的人当中，有的人成功了，他们改善了自己的生活，甚至是过上了幸福的生活。但在绝大多数尚未成功的那些人当中，很多人的生活都被他们的工作给害了毁了，甚至是糟蹋了。

卷九

969

性感是很自然的东西，色情却是刻意的。

970

有些人有魅力，是因为他喜欢展示自己。有些人喜欢展示自己，是因为他有魅力。可有些人有魅力，是因为他不喜欢展示自己。有些人喜欢展示自己，是因为他没有魅力。然而有些人没有魅力，是因为他不喜欢展示自己。有些人不喜欢展示自己，是因为他没有魅力。

971

每一个一天都是一个小小的一生。

972

落魄时，仍怀有一颗贵族之心。发达时，仍怀有一颗菩萨之心。这就是高尚与高贵。

973

爱多嘴多舌，不会给自己带来什么好处。爱讨价还价，不会给自己带来什么坏处。

974

再破烂不堪的家，也让人感觉温暖。再富丽堂皇的宫殿，也让人感觉冰冷。

975

我们怎能依靠我们指望的人？怎能指望依靠我们的人？……依靠我们指望的人和指望依靠我们的人同样难！

976

听自己喜欢的歌犹如回到了初恋，看自己喜欢的电影犹如回到了童年，看自己喜欢的书如遇见了知己，吃自己喜欢的饭如遇见了妈妈。

977

人们谈论得越少的东西，一定是越丑恶的东西。谈论得越少的事，一定是越丑恶的事。谈论得越少的人，一定是越丑恶的人。相反，人们谈论得越多的东西，一定是越美好的东西。谈论得越多的事，一定是越美好的事。谈论得越多的人，一定是越美好的人。

978

说谎只能使自己烦恼，并且首先使自己烦恼。当谎言失败，又最终使自己烦恼。当谎言成功，它又会使别人烦恼。当别人烦恼时，他又不得不在别人的烦恼中接着烦恼。当别人停止烦恼时，他还得为消除谎言继续烦恼。因而别说谎！

979

腰缠万贯的人不贪婪则自私，不自私则吝啬，不吝啬则傲慢，不傲慢则扭曲。

980

男人理解女人永远是个错误，女人讨好男人永远是个讽刺。

981

心灵就像一只自由的小鸟，无论它飞得有多高，有多么远。最终它还是为了要寻觅到一个从此不再让它飞那么高，飞那么远的地方，停留下来，自由栖息。

982

笑是艺术，是乐章，是美丽，是健康，是韵律，是思想，是解药，是力量，是奥妙，是修养，是情操，是信仰。

983

聪明是当务之急，智慧是长久之计。

984

说话要么说到别人心里，要么说心里话。

985

重复的话就是用词不多，用时很长的话。

986

毫无思想的对话只是在用声音对话。

987

雄心壮志——这是为数极少的人所具有的品质。

988

不爱常常是一种麻木，爱常常是一种感觉。

989

你要追求自由，就不应该害怕孤独。你要追求健康，就不应该害怕欲望。你要追求幸福，就不应该害怕付出。你要追求平凡，就不应该害怕平淡。你要追求成功，就不应该害怕失败。

990

越完美的东西越简单，超完美的东西超简单。

991

和谐的社会离不开人们彼此间的理解，彼此间的尊重，彼此间的关爱，彼此间的体谅，彼此间的包容，彼此间的善良。

992

一个人要想证明自己有惊人的力量，几秒钟即可以证明。要想证明自己有惊人的智慧，则需要等千百万年。

993

人不应该忘记了娱乐只知道工作，更不应该忘记了工作只知道娱乐。

994

要想成为一个国际标准舞的优秀舞者，除了认真练习，刻苦练习，以及反复练习之外，没有任何秘诀。要想成为一个优秀的网球手，篮球手，乒乓球手等等等等，情况也是如此。

995

舞蹈将人带入到优雅的状态。

996

你迟到，别人可以等你，但时间不会等你。

997

时间。——拥有时间等于拥有财富，运用时间等于运用财富。珍惜时间等于珍惜财富，浪费时间等于浪费财富。获得时间等于获得财富，失去时间等于失去财富。

998

一个优雅的人并不在意自己是否超凡脱俗，同样一个超凡脱俗的人也并不在意自己是否优雅。但一个优雅的人本身就很超凡脱俗，一个超凡脱俗的人本身就很优雅。

999

城市。——城市越大越冷漠，越靓越肮脏，越先进越自私，越发达越邪恶，越繁华越无聊。

1000

偶像，就是一个人理想的自画像。非常糟糕的是：大部分人都把它画成了素描。

1001

什么是英雄？——那些能为了我们不怕去死的人，我们称他为英雄。

什么是伟人？——那些能让我们为了他甘愿去死的人，我们称他为伟人。

什么是神？——那些让我们不愿死又不怕死的人，我们称他为神。

1002

责任不成为人的抱负，则成为人的包袱。

1003

所有的事物都有矛盾，但我们不应该把它们对立起来。

1004

找对象有时就和乘公交车找座位一样：没座位的时候，你干着急。座位太多的时候，你不知道坐那个好。只有一个座位的时候，有人跟你竞争。没人跟你竞争的时候，那肯定是剩下的最差的座位，那种差得令人宁愿站着也不愿入座的座位。

1005

一个人不可能在等待中毫无希望，也不可能在毫无希望中等待。

1006

一切先进都表现为思想的先进。

1007

我们要上班，工作，挣钱，就不得不牺牲自由。而我们上班，工作，挣钱，正是为了要获得自由。

1008

时尚这东西，你不能超越它，你就只能去追赶它。

1009

不知道你未来的人，也许就不知道你的厉害。

1010

对于未来，我选择的：只有祝愿，与希望。对于现在，我选择的：只有珍惜，与忍受。对于过去，我选择的：只有怀念，与遗忘。

1011

每一个天才都是那么地孤独。

1012

要想拉开一张弓，就得有足够的力气。要想跳好一支舞蹈，就得有足够的激情。

1013

摩登舞——这是一个每一个人都应该学习的舞蹈，且值得每一个人都学习的舞蹈。无论学习者学习它是为了追求美，还是为了运动健身，还是为了娱乐消遣，还是为了修身养性，还是为了以上综述。它都是天底下最好的运动，最好的舞蹈，最好的艺术。值得每一个人学习！热爱！一辈子！

1014

最好的运动是舞蹈，要跳舞就应该跳国际标准舞与芭蕾舞。

1015

舞伴——舞伴需要有像兄妹那样的默契，像恋人那样的爱慕，像情人那样的激情，像夫妻那样的各司其职。

1016

音乐是舞蹈的灵魂，舞蹈的土壤，舞蹈的导引，舞蹈的兴奋剂。

1017

被扭曲的，通常是受压迫的。

1018

创造是劳动的最高表现，最高标志。

1019

发展速度。——发展速度快，比发展速度慢，对人类发展来说，更为不利与危险。

1020

太在意他人的看法，是很悲哀的想法。

1021

顺其自然是处事的下策，处世的上策。

1022

有时候，不发怒会让我们发疯。

1023

我们的行为不仅在受我们的思想支配，也在受我们的命运支配。

1024

寿命与命运是无法预测的。

1025

死对极少数人来说是永恒的开始。

1026

玛丽莲·梦露死时，胃里没有一点食物。拿破仑死时，眼角挂着一滴泪珠。饱餐一顿笑着死的人，应该是死刑犯。

1027

一个人是否文明，和他是否有知识文化，没有任何关系。

1028

如果统治者们都很文明，那么整个世界都很文明。

1029

不值得珍藏的东西，都可以扔掉。

1030

最优美的动作，是舞蹈动作。

1031

音乐是诗发出的声音，因为音乐是在用声音作诗。

1032

法律体系，道德体系，价值体系。——法律体系，道德体系，价值体系，是决定一个国家，一个民族，一个社会命运的三大体系。

1033

比喻。——比喻要形象，要贴切，要生动。只有做到了以上三点，比喻才谈得上成功，才谈得上好。

1034

最愉悦的享受，是对美的享受。

1035

太穷与太富都容易使人滋生邪念。

1036

樱花在慢慢开放的同时也在慢慢凋落，很多事物都是如此。

1037

结果即效果。

1038

希望是一道很深的伤痕，当我们看不见它时，它又变成了一道很深的伤口。

1039

窗户是房屋的心灵——就正如眼睛是心灵的窗户。

1040

绝大多数情况下：要相信儿女的回报永远没有父母的付出多。

1041

不同的改造。——对于少数精英，他们为了使自己同别人不一样而努力改造自己。对于绝大多数民众，他们为了使自己同别人一样而努力改造自己。

1042

我们看到一些人，这样的人很多，他们于日后令他们失败的缺点，正是他们以前令他们走向成功的优点。仔细观察，我们就会发现：很多人他们先前成功的优点，和他们日后失败的缺点，其实是同样的。

1043

人要想获得幸福，年轻时就必须记住一些东西，年老时就必须忘却一些东西。

1044

权术与艺术

权术与艺术：——权术犹如艺术，不同的是：前者的奥妙在于不断改变自己的视角，后者的奥妙在于不断运用他人的视角。

权术的课本在于不断把野心转变成信心，艺术的课本在于不断把内容转变成形式。

权术的目光不应仅仅是：了解别人的希望。艺术的目光不应仅仅是：希望别人的理解。

权术的最高表现是产生怀疑，艺术的最高表现是产生想象。

权术往往培育着一个无私的人而不是无欲的人，艺术往往培育着一个无欲的人而不是无私的人。

权术的目标是不断挑战，艺术的目标是不断超越。

权术的最大爱好是喜欢猜别人，艺术最大的爱好是喜欢被人猜。

1045

色情的东西不一定性感，但总透露出一些性感。性感的东西不一定色情，但总透露出一些色情。

1046

音乐，它能给我们带走的最坏的东西，也许就是它能给我们掩盖很多噪音。它能给我们带来的最好的东西，也许就是它能给我们带来很多舞伴。

1047

消化不良——就是脑部接受了许多腹部难以接受的东西。

1048

夫妻看上去更像是敌人，而非朋友。

1049

冬天不要受冻，但夏天一定要出汗。

1050

存在着五种不同的无知：第一种是不知所以的无知，第二种是不思进取的无知，第三种是不识好歹的无知，第四种是不可驳倒的无知，第五种是不知悔改的无知。

1051

一个凡人不可能是不朽的，除非他是不死的。

1052

同情心与爱心对一个人来说关系到良知，对一个集体来说关系到责任，对一个社会来说关系到秩序，对一个国家来说关系到稳定，对一个民族来说关系到未来。

1053

如果一个社会出了问题，那么，不是它的文化出了问题，就是它的道德出了问题。

1054

任何时代，都有其可悲之处。

1055

最丑陋的行为，是恶行。最美丽的行为，是善行。

1056

纯洁的感情只会在亲情中出现或留存。

1057

能做到使自己不生气确实需要一种很大的智慧，如果一个人特别需要健康的话，他就特别需要这种智慧。

1058

真理就是真实的情况。

1059

我们在获得健康后总是比不上我们在失去健康后对健康认识深刻。

1060

人不到失去健康，是不会注意健康的。

1061

失去健康虽然没有失去生命，但已经失去了生命的活力了。

1062

那些损害了健康的人，几乎把什么都损害了。那些失去了健康的人，几乎什么都失去了。那些没有健康的人，几乎什么都没有。

1063

健康不仅是人生的最大财富，它也是人生的最大本钱。

1064

心理健康同身体健康同样重要。

1065

要想保持美丽，你得保持健康。

1066

人要想改变自己的命运，就得了解属于自己的幸运方位，了解属于自己的幸运星，了解属于自己的幸运事业与职业。

1067

当你命运好时，你就值得庆幸。当你命途多舛却战胜了自己的命运时，你就值得骄傲。

1068

命运也许会随着我们的改变而改变，也许会随着我们的改变而不变，也许会随着我们的不变而改变，也许会随着我们的不变而不变。

1069

命运就是天意。

卷十

1070

机会无处不在，虽然大部分人都对他望眼欲穿，但还是有很多人对它视而不见，有少数人对它不屑一顾。

1071

什么是机会？——机会就是：学习，不断地学习，永远学习。二：练习，刻苦练习，反复练习。三：创造，原始地创造，史无前例地创造。——这就是你的机会，唯一的机会！

1072

最好的机会，是自己为自己所创造出的机会。

1073

人一旦过份重视机会，他可能就不配得到机会。

1074

大多数机会，都看似不似机会。

1075

机会就是：在做某件事的时候，懂得选择一个最有利于做这件事的时间，或在某段时间，懂得选择一个最有利于这段时间所做的事。相反，如果在特定的时间，所做的事不对，或同样的事，所做的时间不对，也许就错过了机会。

1076

最好的机会，莫过于每天抓住闲暇，利用这难得的时间，去享受生活，做自己爱做的事。

1077

一条河要想流向更远，就不能支流太多。一个人要想成就更高，就不能杂念太多。

1078

对我来说谎话连篇就好比废话连篇。

1079

名人名言是最能给人以方向的语言，也是最能给人以力量的语言，以及最能给人以光明的语言。同时也是最能鞭策人，鼓舞人，激发人付诸行动的语言。以及最能净化人心灵，陶冶人情操，增长人智慧，从而使人不畏艰难，不怕困苦，不惧失败的语言。名人名言是人生的金玉良言，人生的指南针，人生的行动纲领。名人名言是言语中的典范。

1080

格言是文字精华，与思想精华。

1081

有些格言，是我们一辈子要践行的誓言。

1082

我们每个人都可以从一些好的格言中找到自己人生的方向，

获得自己前进的力量。

1083

格言绝不是语言，或文字；而是行动，与精神。

1084

格言是神的语言，属于信仰的范畴。

1085

一切聪明，智慧，方法，经验，谋略，理念，觉悟，信念，都可以从格言中找到，和获得。

1086

大部分人成名，都归功于他们的座右铭。

1087

一个人要想迅速地成功，就得翻倍地工作。

1088

有很多失败，其实离成功并不远。

1089

追求成功是绝大多数人对于物质的向往，而非他们对于精神的向往。所以，绝大多数的人都失败了，只有少数追求对于精神向往的人获得了成功，且寥寥无几。

1090

人生最终极的成功，是战胜自己。

1091

对绝大多数人来说，成功最大的好处：就是成功帮助他们克服了自己的自卑。

1092

不追求成功的人，多半是野心不足的人，或年龄太大的人，亦或是少数一些藐视成功的人。

1093

有些人，如果他们没失败，我们还以为他们比我们还幸运。而另有一些人，如果他们没成功，我们还以为他们比我们还失败。

1094

同样的失败，或许发生在另外一个人身上它也许就不叫失败。同样，同样的成功或许发生在另外一个人身上也许它就不叫成功。

1095

有些人得以成功，是因为他们的破坏力太大了。而有些人得以成功，则是因为他们的贡献力太大了。他们都同属人们口耳中的所谓的伟人，但他们是两种截然不同的伟人。其差别，就像普通大众心目中的伟人，与罗曼·罗兰心目中的伟人的差别。

1096

有很多成功他们的成功都是不堪一击的。

1097

事业是为大众受益，而不是为满足自己的私利。为满足自己私利所取得的一切成功，均谈不上事业成功。

1098

小鸡怎么会知道老鹰的志向呢？小鸭怎么会明白天鹅的抱负呢？

1099

成功就是外在获得的无限的风光，或内在获得的无比的宁静，或二者兼具。

1100

一个人能否成功，最终还是要看他能否经得起失败的考验。

1101

当别人都以我们为荣的时候——也许我们就成功了。当别人都以我们为耻的时候——也许我们就失败了。

1102

要想获得将来的成功，需要早早地努力。要想获得巨大的成功，需要长时间努力。要想获得某一方面的成功，需要多方面的努力。要想获得整个国家的成功，需要几代人共同的努力。

1103

人若不想平庸，就只能成功。虽然失败并不代表或等于平庸，但它也并未意味着它摆脱了平庸。

1104

要想获得成功，一个人缺乏的常常不是成功者的经验，而是成功者的精神。

1105

并不是所有的失败的路上都长满荆棘，所有的成功的路上都铺满鲜花。

1106

成功的负面或成功的负能量，与失败的正面或失败的正能量。——成功并非只有益处，没有害处。有些成功它给人带来的害处甚至多于它给人带来的益处。从这个意义上讲，成功并不总是好事。而单就成功的害处而言，有很多成功它给人带来的害处并不亚于失败。同样，失败也同样如此。失败并非只有害处，没有益处。有些失败它给人带来的益处甚至多于它给人带来的害处。从这个意义上讲，失败并不总是坏事。而单就失败的益处而言，有很多失败它给人带来的益处并不亚于成功。

1107

有些人成功是因为在他逃跑时跑到了赛跑的路上。

1108

要想做到一鸣惊人，得先得能做到能默默无闻地努力工作。

1109

对一个人来说，人生可怕的不是，输在了起跑线上。而是，输在了终点。

1110

成功和胜利必须符合道德的标准，善的标准，与美的标准。

否则，那将是一时的成功与胜利。

1111

经常可以看到：那些有成就的人，并非什么成功的人。而那些成功的人，并非什么有成就的人。

1112

失败常常让人找不着方向，成功常常让人找不着北。

1113

成功的经验全世界只有一个，那就是不怕失败。

1114

一个有才华却不施展自己才华的人，就像一只能飞却不飞的鸟。

1115

如果一个人有缺点但自己却并不知道，也许我们可以告诉他。但如果我们告诉了他，他却并不想去改正，那我们还能说他……什么呢？

1116

千万别把成功与幸福想象成这样：成功等于无限幸福，幸福等于完美无缺。

1117

如果春天不能给你快乐，那么夏天只是荒野，秋天只是戈壁，冬天只是沙漠。

1118

人若想寻找光明，就必须置身于黑暗中。

1119

思考。——思考是人最主要的活动，和最主要的精神，及最主要的乐趣。

1120

人们希望钱能买很多东西，还希望自己买的东西值钱。

1121

当我们花钱时，钱就好像贬值了一样。当我们赚钱时，钱就好像升值了一样。

1122

每一张钞票都沾有汗水，血，和泪滴。

1123

在金钱面前，每个人的智力都得到了极大锻炼，而道德则得到了极大考验。

1124

为了钱，人们付出了很多很多。得到它后，为了消受它，人们为此还要付出很多很多。

1125

钱少不一定是悲剧，钱多不一定是喜剧。

1126

对金钱的贪婪，意味着对很多事情的贪婪，并不仅仅表现为只对金钱的贪婪。

1127

人们在赚钱的时候要比人们在花钱的时候智商高。

1128

随着年龄的增长，依赖物质上的东西越来越少了，而依赖于精神上的东西则越来越多了。

1129

一个人无论走到那里，重要的是口袋里有钱，脑袋里有思想。

1130

当我们印的钞票比我们生产的东西多时，我们的钞票就贬值。当我们印的钞票比我们生产的东西少时，我们的东西就贬值。

1131

有了钱，有很多人首先挺起的是肚子，而不是胸膛。

1132

为财而活与为财而死并没有什么大不同，它们都同属是财富的牺牲品。只不过一个变成了自己财富的奴隶，一个变成了自己财富的烈士。

1133

当人们看到自己所关注的事情利益消失时，人们对它的热情也就消失了。

1134

金钱只能改变人的物质世界，很难改变人的精神世界。

1135

如果我们衡量一个人的生命价值，仅仅是依据它所创造出的财富来评判，那印钞员无疑是最有价值的。

1136

人的生命价值，从不取决于人的物质财富，而取决于人的精神财富。

1137

在物质财富中，最宝贵的财富是土地。

1138

民穷则国弱，民弱则国亡，国弱则民穷，国穷则民亡，民亡则国亡，国亡则民弱。反之，民强则国富，民富则国强，国强则民富，国富则民强。

1139

贫穷不仅会使人身体萎缩，精神也会萎缩。

如果我们想付出最小的代价，那我们就付钱吧！

经济。——经济越发达，人越不满足，社会越不和谐，国家越不安宁，天下越不太平。

精神充裕不等于精神文明，同理，物质充裕也不等于物质文明。

如果我们消费仅仅是为了炫耀，那我们就糟蹋了财富，也糟蹋了我们所消费的东西。

当我们炫耀自己物质的时候，我们几乎等于在贬低自己的精神。

财富对于那些没有品味的人来说，他们越是富有，会越显得他们庸俗。

浪费是一种可耻，可笑，可恨，与可悲的行为。尤其是水土污染，与资源滥用，及人口大量流动。

1147

最大的浪费是开采过度，生产过度，发展过度，污染过度。

1148

减少浪费最大的好处就在于减少浪费可以减少垃圾。

1149

习惯接近于自然，不习惯接近于强求。

1150

朝拜前后，集会前后，及房事前后，均应当洗澡。否则他将不配朝拜，及玷污了朝拜。不配集会，及玷污了集会。不配房事，及玷污了房事。

1151

世界所有民族，种族，所有国家……其认识，理想，情感，观念，追求，爱与恨，乐与悲都是同样的。不同的是：他们用不同的文字，语言，方式，和习惯在表达而已。

1152

语言的不同，不过是发音的不同。文字的不同，不过是书写得不同。

1153

有很多人与其说他们没有才能不如说他们没有机会，有很多人与其说他们没有机会不如说他们没有才能。

1154

成功在很大程度上取决于我们的业余时间，而非取决于我们是否是业余的。

1155

只有具有多项技能，才能支撑起一项卓越的技能。

1156

我们能给后代留下的最好的东西，是好的自然环境。

1157

人类在信仰上的最大误区就在于：他们没有把神学视为科学。

1158

对一个儿童来说，父母一去世，童年也就结束了。

1159

命运和气候一样，难以应对。应对命运与应对气候一样：唯一的办法就是做好准备，充足的准备，以及各种准备。

1160

命运擅长捉弄，讽刺，与颠覆。

1161

对于人生，我们只需要实现自己的价值就行了，无需在意别人的评价。

1162

人生是什么？——人生是我们无法正确认识世界，无法正确面对别人，无法正确理解自己的一系列错误公式。

1163

人生的舞台，角色，与路。——别管什么人生，自己从中扮演的是什么样的角色？站在什么样的舞台上？有过怎样的过去？别管！别管！过去的就让它过去，重要的是如何走好人生未来的路。未来的路会怎样？也别管！别管！淡定点，从容点，优雅点，就把自己当人生的模特，把路当人生的 T 台吧!

1164

中庸不是人生的好的态度，但是人生的好的境界。

1165

只要懂得了享受与忍受，就懂得了人生的全部真理。

1166

每个人都有自己的人生向导——那就是每个人的心。每个人的心，就是每个人的向导，同时也是每个人对命运降临在他身上所发生的一切的最后的主导。这就使它又成为了——或许是每个人幸福与快乐的源泉，或许是每个人痛苦与不幸的深渊。

1167

人生应把享乐当大事，把苦难当装饰。

1168

人生最大的收获，莫过于收获你的经历，收获你的付出，收获的善，收获你的爱，收获你的美丽。

1169

人生遭遇有些不幸是大幸。

1170

人生就好比是一场戏，有时我们戏弄别人，有时我们被别人戏弄，大部分情况下人们在相互戏弄，更多情况下我们则是在自己戏弄自己。

1171

人生的变化多大啊！有时候我们昨天还在妓院享受，今天却躺在医院。有时候我们昨天还是万人王，今天却成了阶下囚。有时候我们昨天还在领结婚证，今天却在领离婚证。有时候我们昨天还骑在马上，今天却在为人牵马。有时候我们昨天还在急着离开家，今天却急着赶回家。有时候我们昨天还在教堂，今天却在战场。有时候我们昨天还到处吃香，今天却到处吃闭门羹。

1172

厄运，战争，疾病，灾难，与死亡，都来得非常突然。

1173

有些人人还依然是那个模样，心却历尽了风霜。有些人模样历尽了风霜，心却依然还是那颗心。

1174

每个人的人生都是一场悲剧，最精彩的人生也许是最悲惨的，但每个人都应该笑着把它演完，即使是最不精彩的人生。

1175

精彩的人生一般来说都不幸福，幸福的人生一般来说都不精彩。

1176

比我们聪明的人，总是比我们日子过得好。而那些不如我们聪明的人，又总是比我们会过日子。

1177

难以知足的人，就难以获得幸福。

1178

人生的美好，取决于生活的美好。生活的美好，取决于家庭的美好。家庭的美好，取决于婚姻的美好。婚姻的美好，取决于爱情的美好。爱情的美好，取决于心灵的美好。

1179

人生最重要的三样东西是：自由，健康，钱。如果还拥有一个美好的家庭，那就更幸福了。如果还拥有一份美好的爱情，那就更有诗意了。如果还拥有一个知己，那就更快乐了。如果还拥有一个奋斗目标，那就更充实了。如果还拥有一些爱好，那就更惬意了。如果还拥有一份工作，那生活就更规律了。如果还拥有一位迷人的妻子，那自由，健康，钱，都不重要了。

人生的真谛就在人生的正道里。人生的正道就是人生的幸福之道。人生的幸福之道就是人生的自由之道，自然之道，和平之道，健康之道，快乐之道。

每一个人的人生，都像是一首诗，都像是一幅画，都像是一面镜子，都像是一部草稿。

选择。——选择得当就会突出自己与成就自己，反之，选择不当就会淹没自己与毁了自己。选择是人生的第一智慧。

如果我们不是一个有情有义有爱有心有趣的人，那么，即使我们再有名，再有权，再有钱，世界也不会属于我们。

你应该具有国际视野，国际思维，与国际精神。并懂得将自己的一举一动，一言一行，一颦一笑，植入到其中最为优美与优雅的部分中去。使自己脱离低俗，突破局限。从此焕然一新，于由内而外与由外而内中，散发出令所有人都感到夺目与光彩的气息，从而做到迷人。——不是在你们村，你们省，或者你们国家，而是在整个国际舞台。

只有当我们身上的优点足够耀眼时，人们才会忽视掉我们身上的缺点。

1186

希望使人乐观，没有希望使人悲观。

1187

人与希望，终未了断。人从未停止过产生希望，人始终怀有希望，且会不断地产生新的希望，直至当他死亡时仍还在希望……人是充满希望的动物，希望是人生命中的原动力。

1188

勤奋可以弥补才能上的不足，美德可以弥补名气上的不足。

1189

美好的一天。——美好的一天，也许就是摆脱了困境的那一天，摆脱了束缚的那一天，看到了希望的那一天，收获成果的那一天，有闲情雅致的那一天。

1190

只有自己的爱，才能战胜自己的自私。

1191

简洁绝非简陋，相反，简洁是一种繁华。一种和肤浅的人所理解的完全不一样的繁华。它的丰富，精致，与深奥，也许只有最深沉的人用心才能捕捉到。

1192

没有宗教，文化，与艺术；世界很难产生共识，更难产生共鸣。

1193

人应该珍惜自己的时间，每分每秒都应该珍惜，像珍惜自己的生命那样珍惜。——如果人们不像珍惜自己的生命那样珍惜自己的时间，那他怎么珍惜自己的生命呢？

1194

如果我们只追求外在的美而忽略了内在的美，或只追求内在的美而忽略了外在的美，那么我们就会给人一种表里不一与美中不足的感觉。因此我们应该尽可能的做到内外兼修，尽可能地去扩展美的范围，去追求更多的美，更丰富的美，更广泛的美，更多领域的美，使自己趋于完善。

1195

没有美就没有诗意。

1196

不求上进是自我贬值与自我淘汰的行为，是非常掉价的表现。如果我们不求上进，那么我们就会把自己搞得很掉价。

1197

有很多很多的差别，都源于一念之差。

1198

最为扭曲的人，是那些为人不正直的人。

1199

人应该有超前意识，因为有很多事，等到该明白的时候才明白，也许就已经晚了。

1200

悲观莫过于心生绝望，乐观莫过于怀有希望。

1201

人太轻浮了就会给人感觉无味，人太稳重了就会给人感觉无趣。

1202

很多回答，都可以用幽默；少数回答，只能用沉默。

1203

将眼光放远一点，也许看到的就是另外一片天。

1204

不奋斗，人生就没有意思。

1205

最大的限制，莫过于被自己的观念所限制，被自己的思想所限制，被自己的想象所限制。

1206

有很多人失败并不是因为缺乏能力，而是因为缺乏毅力。

1207

人应总结过去，思想现在，放眼未来。

1208

能统治我们的，只有我们的思想。

1209

有很多事情之所以美好，是因为它们是永恒的。而更多的事情它们之所以美好，则是因为它们是短暂的。

1210

与人对话常常引发人的思考，而思考则常常是一种与自我的对话。

1211

父母就是对我们比对他们自己还要好的人。

1212

发疯的人，往往是聪明人，无论他是真疯，还是装疯。

1213

洗完澡，感觉人都是全新的。不洗澡，感觉人都是陈旧的。

1214

无论我们是多么的自由，我们所受的限制依然太多。

1215

规则就是伦理，法律，与道德。偏离了伦理，法律，与道德，规则就该修改。

1216

人有克服欲望的困难，也有克服困难的欲望。

1217

一棵树掉光了树叶仍然是一棵树，而一朵花掉光了花瓣就不再是一朵花了。

1218

只要心中有诗意，人生处处有诗意。

1219

要在失败中进化，而不要在成功中退化。

1220

爱别人最大的好处就是：——它让我们变善良了。

1221

为了生存，人类由低级动物变成了高级动物。为了金钱、权利、与欲望，人类又由高级动物变成了低级动物。

（完）

董汉云 (トゥカンウン)

1973 年 10 月 16 日　中国江西省鄱阳县昌洲乡董坪村生まれ。
現在西安に居住中。

人生风情录

2023 年 9 月 13 日　第 1 刷発行

著　者　董汉云
発行人　大杉　剛
発行所　株式会社 風詠社
　　　　〒 553-0001　大阪市福島区海老江 5-2-2
　　　　　　　　大拓ビル 5 - 7 階
　　　　TEL 06（6136）8657　https://fueisha.com/
発売元　株式会社 星雲社
　　　　　　（共同出版社・流通責任出版社）
　　　　〒 112-0005　東京都文京区水道 1-3-30
　　　　TEL 03（3868）3275
印刷・製本　シナノ印刷株式会社
©Dong Hanyun 2023, Printed in Japan.
ISBN978-4-434-31987-7 C0098